브랜드를 알면
자동차가 보인다

차례
Contents

03자동차 브랜드의 발전

12자동차 브랜드의 역사

자동차 브랜드의 발전

자동차를 만드는 회사는 몇 개나 될까?

세계자동차공업협회(OICA: Organisation Internationale des Constructeurs d'Automobiles)의 37개 회원국, 그리고 우리에게 익숙한 자동차 브랜드는 대략 60여 개 정도가 된다. 하지만 우리나라에는 현대자동차 말고도 스포츠카 '스피라'를 만드는 어울림모터스, 기아자동차의 경차를 OEM(주문자상표부착생산)으로 납품하는 동희오토, 전기자동차를 만드는 레오모터스와 같은 기타 자동차 제조사와 트럭 전문회사인 타타대우, 버스를 전문으로 하는 대우버스 등이 더 존재한다. 따라서 이와 같이 전 세계에 알려지지 않은 제조사를 모두 합치면 무려 1,000여 곳이 넘는다.

특이한 점은 1769년 증기기관을 이용하는 최초의 자동차가 인류에게 소개되고, 이어 가솔린을 사용하는 내연기관이 처음 발명된 지 100여 년 이상이 지났지만 자동차 역사의 시작에 섰던 브랜드들이 여전히 건재하다는 것이다. 메르세데스 벤츠, BMW, 아우디, 포드, 폭스바겐, 시트로엥같이 세계 자동차 산업을 좌지우지하는 세계적인 자동차 회사의 대부분이 100년 이상의 기업 역사를 갖고 있다.

여기서 또 재미있는 것은 이들 자동차 회사의 탄생과정이다. 물론 창업주의 이름을 그대로 따거나 계열사의 하나로 시작하면서 모(母)기업의 사명이 그대로 불리기도 하고 정치적 상황에 맞춰 만들어진 것이 대부분이긴 하지만, 그래도 수십억 달러의 가치로 평가받고 있는 일류 자동차 회사들이 아닌가! 브랜드를 알면 상품이 보이고 트렌드도 보인다고 한다. 자동차의 세계는 그중에서도 유독 '브랜드'의 힘이 큰 곳이다. 디자인과 성능을 한 마디로 표현하는 것도 어쩌면 브랜드인지도 모른다.

시발에서 포니, 한국의 자동차 브랜드 변천사

기아의 삼륜차

외국에서 만들어진 자동차가 우리나라에 처음 들어온 것은 언제일까? 1903년 고종 황제가 즉위 40주년을 맞아 미국 공관을 통해 들여온 포드의 A형 리무진이 우리나라 자동차 산업

고종 황제의 의전용 어차로 들여온 포드 A형

역사의 시작이자 최초로 알려져 있다. 하지만 당시 조선을 강점하기 위해 혈안이 되어 있던 일본인들이 이보다 앞서 자동차를 타고 다녔다는 기록이 남아 있어 자동차가 처음 소개된 시점은 그보다 먼저 시작됐을 것으로 보는 사람들도 많다.

해방이 되고 6.25전쟁을 겪으면서 미군들이 사용하던 군용차를 개조한 '시발(始發)자동차'가 나오기까지 우리나라 자동차 산업은 전적으로 수입차에 의존해왔다. 따라서 국내 자동차 산업의 시작은 1962년 기아자동차의 전신인 기아산업이 최초의 3륜 화물차인 'K-360'을 생산한 데서 시작되었고, 1967년 현대자동차가 설립되어 최초의 국산차 '포니'가 등장하면서 본격적인 시대가 열렸다고 볼 수 있다.

아시아 최고의 기술을 의미하는 기아(起亞)자동차는 해방 직전인 1944년 설립된 경성정공에서 자전거 제조를 시작으로 자동차 산업에 진출했다. 당시의 자

삼륜자동차 K-360

동차는 창업주였던 김철호 선생이 1922년 일본 오사카에서 삼화제작소를 설립, 자동차와 자전거 부품을 생산하면서 얻은 자본과 기술로 만들어졌다. 한국에 돌아온 김철호는 일본을 능가하는 아시아 최고의 기술로 자동차를 만들겠다는 신념으로 1950년 사명을 '기아산업'으로 바꿨고, 1962년 삼륜차로 유명한 최초의 화물차 'K-360'을 만들어냈다. 1999년 외환위기를 극복하지 못해 현대자동차 그룹에 흡수가 되기는 했지만, 한국 자동차 산업의 시작은 기아자동차라 보는 것이 마땅하다.

현대자동차의 포니

1967년 12월 미국 포드자동차와 합작회사로 출발한 현대자동차는 창업자인 고 정주영 회장이 1940년대 초 서울에서 시작한 정비공장 '아트서비스'에서 시작했다. 정주영 회장은 1967년 12월 자본금 1억 원으로 현대자동차를 설립했고, 1968년 5월 울산에 연간 3,500대의 자동차를 생산할 수 있는 공장을 세웠다. 그리고 포니에 앞서 국산화율 21%의 '코티나 1600D'를 처음 생산했다.

현대의 포니

이어 1976년 국내 최초의 자체 모델로 개발된 '포니'는 국내 판매는 물론 해외 수출까지 하면서 세계에 현대자동차의 존재를 알리는 역할을 톡톡히 했다. 오늘날 현대자동차가 세계 4위의 자동차 기업으로 성장하는 기틀은 이때 마련됐다고 볼 수 있다. 당시 대당 229만 원에 판매된 포니는 1,238cc 4기통 미쓰비시 새턴 엔진을 탑재하고 최대출력은 80마력에 불과했지만 국내외에서 상당한 주목을 받았다.

쌍용자동차와 코란도

기업 역사에서 유난히 부침을 거듭했던 쌍용자동차는 비운의 브랜드 역사를 갖고 있다. 1954년 1월 하동환 자동차제작소로 출발한 쌍용자동차는 1967년 5월 신진자동차와 업무 제휴를 시작해 1974년 4월 신진지프자동차공업을 합작·설립했다. 그해 5월 AMC(American Motors Corporation)와 기술 계약을 체결하고 10월에는 하드탑, 소프트탑, 픽업 등 다양한 신진지프 모델을 선보였다. 신진지프는 훗날 코란도의 전신으로 정통 오프로더의 초석이 되는 모델이다. 그리고 1977년 하동환자동차는 '동아자동차'로, 1981년 신진자동차는 '거화자동차'로 상호를 변경한다.

거화 코란도

거화는 1983년 3월 자체 생산한 지프에 '코란도'라는 새 이름을 붙였다. 코란도는 '한국인은 할 수 있다(Korean can do)'

라는 뜻을 지닌 것으로 알려져 있으나 또 다른 의미로 '한국인의 의지와 힘으로 개발한 자동차(Korean do it)' '한국 땅을 뒤덮는 자동차(Korean land over)' '한국을 지배하는 자동차(Korean land dominator)' 등 여러 뜻을 갖고 있다.

1984년 12월에는 동아자동차가 거화를 인수하고, 1986년 11월 다시 쌍용그룹이 동아자동차 경영권을 인수하면서 지금까지 쌍용자동차로 불리고 있다. 중국 상하이자동차가 쌍용자동차를 인수하고 '코란도'와 '무쏘'라는 모델명을 '액티언'과 '카이런'으로 바꿨지만 다시 인도 마힌드라 그룹으로 주인이 바뀌면서 코란도는 화려하게 부활했다.

코란도는 1990년대 대학생들이 마음껏 타보고 싶어 쌍용자동차에 입사를 했다는 이야기가 돌 정도로 엄청난 인기를 누렸으며, 현재 한국에서 생산되는 자동차 모델 중 가장 긴 브랜드 역사를 갖고 있다.

대우자동차

1976년 GM코리아가 경영난을 겪자 한국개발은행이 주식을 매입하게 되고, 이때 '새한자동차'로 상호가 변경된다. 이어 1983년 옛 대우그룹이 경영에 참여하면

대우의 경차 Tico

서 출범한 '대우자동차'는 프린스와 르망, 티코 등 수많은 명작들을 만들어 냈다. 대우자동차는 한때 국내에서 현대자동차를 위협하는 브랜드로 성장하면서 GM과의 합작관계를 청산하는 등 승승장구했지만 2001년 다시 경영권을 넘기게 된다.

그리고 2002년 'GM대우오토앤테크놀로지'로 다시 출발한 이후, 주로 경소형차 부문에서 두각을 나타내기 시작했다. 그러나 의욕적으로 출시한 준중형, 중형급 신차가 시장에서 별다른 호응을 얻지 못하면서 새로운 변화가 절실했던 GM대우는 세계적인 브랜드 '쉐보레'를 도입, 사명에서 '대우'를 완전히 빼 버리고 '한국GM'으로 회사 이름을 바꾸게 된다. 1955년 부산에서 미군 차량을 수리하던 '신진공업사'로 출발해 가장 왕성하게 세계 시장을 누빈 대우자동차가 역사 속으로 사라지게 된 것이다.

삼성자동차

이건희 삼성그룹 회장의 오랜 숙원에 따라 1995년 출발한 삼성자동차는 일본 닛산과 기술제휴로 시작됐다. 닛산의 설비

삼성의 SM5

와 부품을 수입해 조립하는 수준에서 출발했지만 1998년 출시한 모델 SM5는 차별화된 디자인과 삼성 브랜드에 대한 신뢰가 바탕이 되

어 현대자동차 쏘나타를 위협할 정도로 인기를 모았다. 그러나 1997년 외환위기를 버티지 못하고 결국 닛산과 제휴관계에 있는 프랑스 르노사에 매각되고 만다. 지금은 삼성과 전혀 관계가 없지만 삼성그룹에 매년 적지 않은 로열티를 지급하는 것도 결국은 브랜드 가치면에서 효율성이 크다고 보는 것이다. 만약 르노삼성자동차에서 삼성을 뺀다면 지금과 같은 브랜드 효과를 거둘 수 없기 때문이다.

국산차를 위협하는 수입브랜드의 급성장

1987년 정부가 자동차 수입을 공식 허용하기 이전까지 수입차는 권력자들과 부유층, 그리고 인기 연예인들의 전유물이었다. 그리고 1988년 4월 시장 규제가 완전히 개방되면서 본격적인 수입차 시대가 열리게 된다. 현대자동차와 대우자동차, 그리고 기아자동차와 쌍용자동차에 익숙해져 있던 국민들은 국내에 처음 진출한 메르세데스 벤츠와 아우디, 폭스바겐, 볼보,

인천항에 하역 중인 수백 대의 수입 자동차

BMW 등 지금까지 이름만 들었던 세계적 브랜드를 직접 바라보면서 국산차와는 차원이 다른 성능이나 디자인 등에서 탄성을 자아냈다. 이윽고 1988년 서울올림픽을 계기로 본격적인 마이카(My Car) 시대가 열리면서 자동차는 곧 모든 사람들의 꿈이 되었다.

국산 메이커의 성장과 함께 수입 자동차의 위상도 최근 몇 년 사이 비약적인 발전을 거듭하고 있다. 1988년 연간 263대에 불과했던 수입차의 판매 대수는 이듬해인 1989년 1,293대로 늘어났다. '외제차 선호, 과소비'라는 부정적인 사회 여론으로 수입차를 갖고 있으면 세무 조사를 받는 일까지 발생하면서 한때 위기를 맞기도 했지만, 2011년에는 사상 처음 판매 대수 10만 대를 돌파하며 무섭게 성장하고 있다.

자동차 브랜드의 역사

세계 최고의 브랜드, 메르세데스 벤츠

1888년 모두가 잠든 시간, 한 여성이 허름한 창고의 문을 열고 묘하게 생긴 마차에 몸을 올렸다. 그리고 무려 100km가 넘는 거리를 달리기 시작했다. 무엇보다 놀라운 것은 끄는 말(馬)도 없이 마차가 스스로 움직이고 있었기 때문이다. 말 없이 마차가 달린다는 건 상상도 할 수 없었던 시대, 스스로 움직이는 기계를 타고 드라이브를 즐긴 여성은 카를 벤츠(Carl benz)의 아내 베르타 벤츠(Bertha benz)였다.

남편 카를 벤츠는 독일 니콜라우스 오토가 발명한 세계 최초의 가솔린 엔진 특허를 사들여 스스로 달리는 자동차를 처

세계 최초의 자동차 '페이던트 모터바겐'

음 만들어 놓고도 실패가 두려워 공개를 하지 못하고 있었다. 하지만 남편이 잠든 사이 용감한 아내가 직접 자동차를 몰고 나왔고, 드디어 세계 최초의 자동차 '페이던트 모터바겐(Patent Motorwagen)'이 모습을 드러낸 것이다.

1890년 고틀립 다임러(Gottlieb daimler)가 설립한 다임러와 1883년 카를 벤츠가 설립한 벤츠는 1926년 합병해 다임러-벤츠사로 거듭났다. 다임러-벤츠사 불멸의 브랜드인 메르세데스 벤츠(Mercedes benz)는 이처럼 한 용감한 여성의 행동에서 시작됐고, 말이 끌고 다니는 마차 시대의 종결과 함께 동력으로 움직이는 새로운 세상을 열었다. 다임러의 이사였던 에믹 옐리넥의 막내딸 이름 '메르세데스'와 카를 벤츠의 '벤츠'를 딴 메르세데스 벤츠는 고틀립 다임러와 카를 벤츠, 그리고 윌리엄 마이바흐 이 세 사람의 열정으로 빚어낸 창조물이기도 하다.

고틀립 다임러는 1834년 독일 쇠른도르프에서 태어난 총포공 출

카를 벤츠

신으로 1863년 로이틀링겐에 있
는 기계제작소 기술감독으로 일
하면서 빌헬름 마이바흐와 운명
적인 만남을 갖게 된다. 다임러는
1884년 가솔린으로 구동되는 4행
정 엔진개발에 성공하고, 1890년
막스 두텐호퍼(Max Duttenhofer), 빌
헬름 로렌츠(Wilhelm Lorenz)와 함께
오늘날 메르세데스 벤츠의 전신인

고틀립 다임러

DMG(Daimker Motoren Gesellschaft)를 설립한다.

그러나 자동차 생산에 주력하기를 원했던 다임러와 달리 두
텐호퍼는 고정형 엔진 개발을 주장하면서 갈등을 빚었고, 마
이바흐와 함께 비밀리에 엔진을 제작하면서 특허는 자신의 이
름으로 출원한다. 계속되는 갈등 속에 다임러는 주주 자리에서
물러나지만 DMG는 기술 개발 부진으로 재정 악화가 시작되
어 다임러에게 다시 복귀를 요청한다. 이어 다임러와 마이바흐
가 비밀리에 개발한 피닉스 엔진이 대성공을 거두게 되지만 다
임러는 1900년 심장병으로 세상을 떠나 그의 기술이 빛을 발
하는 순간을 보지 못했다.

1844년 독일 카를스루에서 태어난 카를 벤츠는 어려서 아
버지를 잃었지만 어머니의 열성으로 기계공학을 공부하는 공
학도로 성장했다. 풍부한 지식 덕분에 카를 벤츠는 수리공에
서 공장 감독의 자리까지 빠르게 올랐고, 1871년 기계공이었

메르세데스 벤츠의 엠블럼

던 아우구스트 리터(August Ritter)와 함께 만하임에 '카를 벤츠와 아우구스트 리터 엔지니어링 작업소'를 만들게 된다. 그러나 리터의 신뢰할 수 없는 행동에 질린 카를 벤츠는 아내 베르타 린저의 결혼지참금으로 그와의 관계를 청산하였고, 오랜 목표였던 '말이 끌지 않는 자동차'를 만들기 위해 매진하게 된다.

1879년 마침내 가스 구동방식의 2행정 엔진 개발에 성공한 카를 벤츠는 1882년 만하임 가스 엔진 제작회사를 설립했지만 낮은 지분과 의견 차이로 1년 만에 회사를 떠나게 된다. 1883년 이후 카를 벤츠는 새로운 파트너와 함께 그의 꿈을 실현하기 위해 노력했지만 번번이 무산되는 아픔을 겪는다. 하지만 '가장 좋은 아이디어는 아이디어를 실천하는 것'이라는 그의 소신으로 1906년 '카를 벤츠와 아들'이라는 회사를 세우고 회사 경

메르세데스 벤츠 120 경주용 자동차 (1906)

빌헬름 마이바흐

영을 아들에게 맡긴다. 하지만 자신의 가치를 세상이 인정했음을 비로소 알게 된 때는 그의 나이 80세였다고 한다. 카를 벤츠는 1929년 숨을 거두기 전까지 새로 설립한 다임러-벤츠사에서 중역으로 활동했다.

메르세데스 벤츠 역사에 공헌을 한 사람 가운데 디자인의 제왕, 빌헬름 마이바흐(Wilhelm Maybach)를 빼놓을 수 없다. 세계 최고의 럭셔리 모델로 유명한 마이바흐의 창업자이기도 한 그는 1846년 목수의 아들로 태어나 열 살의 나이에 고아가 되는 불우한 성장기를 보냈다. 여러 기관을 거치며 성장한 마이바흐는 1864년 고틀립 다임러를 만나 평생 가장 친밀한 관계를 유지했다. 그의 역할 가운데 다임러와 함께 비밀리에 개발한 벨트 구동, 피닉스 엔진과 스프레이 노즐 기화장치 등은 오늘날에도 자동차 핵심 기술로 응용되고 있다. 1907년 DMG를 떠난 마이바흐는 자신의 아들과 함께 새로운 사업을 시작했고, 자신의 이름을 딴 전설의

마이바흐 57 S (2011)

자동차 '마이바흐'를 선보이게 된다.

메르세데스 벤츠는 긴 역사만큼 세계 최고의 자동차 브랜드로 인정을 받고 있다. 많이 파는 것보다 자동차의 가치를 더 중요하게 생각하는 경영철학이 100년 동안 이어지고 있는 덕분이다.

히틀러의 국민차, 폭스바겐

독일 볼프스부르크(Wolfsburg)에 본사를 두고 있는 폭스바겐 그룹은 유럽 최대의 자동차 메이커로 폭스바겐 브랜드와 함께 아우디, 벤틀리, 부가티, 람보르기니, 스코다, 세아트, 스카니아, 폭스바겐 상용차 등 9개의 자동차 브랜드를 거느리고 있는 거대 기업이기도 하다.

폭스바겐의 역사는 1930년대 초로 거슬러 올라간다. 당시 정권을 장악한 히틀러는 부자들의 전유물인 자동차의 대중화 시대를 선언하고 'KdF(Kraft durch Freude)-Wagen(즐거움을 통한 힘-자동차)' 프로젝트를 추진한다. 그리고 독일 최고의 엔지니어로 명성을 누린 페르디난트 포르쉐(Ferdinand Porsche) 박사를 담당 책임자로 선정한다. 포르쉐 박사는 히틀러의 프로젝트에 동감을 하면서도 'KdF-Wagen' 대신 '국민차'라는 의미의 '폭스바겐(Volkswagen)'으로 대체할 것을 요구하고, 마침내 1938년 폭스바겐을 설립한다.

포르쉐 박사는 히틀러가 요구한 어른 두 명과 세 명의 아이

비틀(Beetle)에 오른 히틀러

들을 태우고 100km/h 이상으로 달릴 수 있는 자동차 개발을 추진하기 시작했다. 폭스바겐의 엠블럼은 비틀의 엔지니어였던 프란츠 라임스피스(Franz Reimspiess)가 W자 위에 V자가 조합해 공모한 것이 선정되면서 지금까지 사용되고 있다.

독일 국민들을 위해 포르쉐 박사가 개발한 첫 자동차가 그 유명한 비틀(Beetle)이다. 비틀은 히틀러가 생존해 있던 1938년부터 판매가 시작됐지만 본격적인 생산은 전쟁이 끝난 1945년부터다. 이후 25년 동안 포르쉐 박사의 디자인과 엔진 방식이 그대로 유지되며 총 2,100만 대가 판매됐다. 이는 단일 모델로는 세계 최다 판매 기록이다. 하지만 비틀의 시대는 새로운 타입의 승용차가 속속 개발되기 시작한 1974년부터 막을 내리게 된다. 폭스바겐은 전륜 구동방식에 수냉식 엔진과 안락함, 실용성이 뛰어난 '골프'를 개발했고 세계 자동차 시장에 엄청난 반향을 일으키게 된다. 작지만 강력

비틀 (1938)

비틀로 형상화한 폭스바겐의 엠블럼

한 성능을 갖춘 해치백 (트렁크에 문을 단 승용차) 골프는 계층과 연령을 뛰어넘는 새로운 자동차의 표본이 됐고, 세계에서 가장 많이 팔린 차가 됐다.

폭스바겐은 화려함보다는 꾸밈이 없는 일상적인 실용성을 가장 중요하게 생각하는 브랜드다. 히틀러의 국민차로 시작해 오늘날 세계에서 가장 성공적인 기업으로 성장한 폭스바겐의 성공 비결은 '놀라운 완벽함' '끊임없는 혁신' '일생의 동반자' '인류와 환경에 대한 책임감'이라는 네 가지 핵심 가치에서 비롯됐다.

인텔리전트 퍼포먼스의 철학, 포르쉐

페르디난트 포르쉐는 1930년 'Dr. Ing. h. c. F. Porsche'라는 긴 이름의 회사를 설립한 뒤 히틀러가 요청한 독일의 국민차를 개발했지만 전쟁이 끝난 후 전범으로 체포돼 20개월 동안 옥살이를 했다. 하지만 아들과 함께 그동안 잠시 개발을 늦춰왔던 자동차를 다시 완성하게 되니, 그것이 바로 오늘날 세계 최고의 스포츠카로 사랑을 받고 있는 포르쉐다.

포르쉐는 끊임없는 기술 개발을 통해 60여 년간 르망 24시

1963년 포르쉐 901과 포르쉐 박사의 손자
페르디난트 알렉산더 포르쉐

(스포츠카 내구 경주대회)와 모터스포츠에서 2만 8천여 회 우승을 차지했다. 따라서 모터스포츠 무대를 바탕으로 성장했다고 해도 과언이 아니다. 포르쉐는 극한의 성능이 요구되는 레이스를 통해 고성능 스포츠카 개발에 필요한 노하우를 쌓아가며 자동차의 발전을 이끌어왔다. 포르쉐의 엔지니어들은 모터스포츠의 경험과 기술력을 바탕으로 세계 최고의 퍼포먼스를 자랑하는 차량을 만들어내는데, 그 바탕에는 '포르쉐 인텔리전트 퍼포먼스'라는 포르쉐만의 철학이 있다. 포르쉐 인텔리전트 퍼포먼스는 더 적은 연료로 더 강력한 퍼포먼스를 발휘하는 동시에 보다 적은 양의 이산화탄소를 배출해 높은 효율성을 지향하는 것이다. 포르쉐는 모터스포츠에 인텔리전트 퍼포먼스를 적용해 포르쉐 특유의 경량 구조와 유연성, 가속을 위한 준비와 전력 질주의 힘, 민첩성과 정확성을 추구했다. 이 철학은 모

터스포츠를 비롯해 미래를 이끌 자동차 개발의 가능성을 제시하는 것이기도 하다.

최근 몇 년간 자동차 업계의 변함없는 화두는 '친환경'이다. 포르쉐는 친환경의 이슈 또한 포르쉐 인텔리전트 퍼포먼스의 기본 원칙을 바탕으로 접근하고 있다. 모터스포츠에서도 그랬듯이 미래의 자동차 기술에서도 포르쉐는 효율성의 향상을 최우선으로 한다. 미래의 자동차는 대체 엔진을 사용해 강력한 성능을 냄과 동시에 에너지 효율이 높은 차량의 개발을 포괄한다.

포르쉐의 엠블럼은 1952년 뉴욕의 한 레스토랑에서 탄생했다. 포르쉐를 미국 시장으로 처음 수입한 인물인 막스 호프만(Max Hoffman)은 미국의 자동차들이 모두 엠블럼을 가지고 있다는 사실에 주목했다. 그는 시장의 특성에 따라 포르쉐도 소비자들과 시각적으로 커뮤니케이션 할 수 있어야 한다고 생각했고, 곧 엠블럼의 창안을 요청했다. 페르디난트 포르쉐의 장남인 페리 포르쉐 박사(Dr. Ferry Porsche)도 이 제안에 고개를 끄덕였다. 그리고 그 자리에서 앞에 놓인 냅킨에 포르쉐 엠블럼의 아이디어 스케치를 시작했다. 이것이 바로 포르쉐 엠블럼의 시초가 되었다.

방패 형태를 하고 있는 포르쉐 엠블럼은 4분할된 방패 도안

포르쉐의 엠블럼

안에 각각 검은 말과 나뭇가지 그리고 포르쉐 문자 도안이 함께 구성되어 있다. 이 방패는 포르쉐의 근거지인 독일 슈투트가르트(Stuttgart)의 문장에서 유래된 것으로, 여기에 슈투트가르트가 위치한 뷔르템베르크(Württemberg) 주도(과거 바이마르 공국 때 뷔르템베르크 공화국이었던 지방)의 깃발과 문장에서 유래한 블랙, 레드 패턴의 매치, 그리고 나뭇가지의 도안을 차용했다. 페리 포르쉐 박사는 여기에 또 슈투트가르트를 상징하는 동물인 뛰어오르는 검은 말을 그려 넣었다. 사실 슈투트가르트는 자동차 명가로 이름을 날리기 시작하기 이전에는 말 사육으로 유명한 도시였다.

그리고 마지막으로 방패 윗부분에는 포르쉐의 패밀리 네임을 새겨 넣었다. 이렇게 탄생된 엠블럼은 '포르쉐 크레스트(포르쉐 문장)'라 불리며 오늘날까지 사용되고 있다. 포르쉐의 근거지인 슈투트가르트의 영화와 전통을 하나의 디자인으로 담아낸 이 엠블럼은 처음 의도한 대로 포르쉐의 심장을 시각적으로 빠르게 인식할 수 있도록 만들어 브랜드 아이덴티티를 전달하는 대표적인 상징물로 자리 잡았다.

역사상 가장 다이내믹한 브랜드, 아우디

'기술을 통한 진보'를 슬로건으로 완벽한 기술, 혁신적 아이디어, 창의적인 노력으로 역사상 가장 다이내믹한 브랜드로 평가 받고 있는 아우디는 아우구스트 호르히(August Horch) 박사가 설립했다. 1899년 호르히를 설립했던 아우구스트 호르히 박사는 1909년 새로운 회사를 설립하고, 이후 '듣다'라는 의미를 가진 자신의 이름을 라틴어로 번역해 '아우디(Audi)'라는 브랜드를 탄생시켰다.

▲아우디의 엠블럼
▼아우구스트 호르히 박사

아우디를 상징하는 4개의 링은 독일 삭소니 지방의 아우디(Audi), 반더러(Wanderer), 호르히(Horch), 데카베(DKW) 4개 회사를 의미하는 것으로 첫 번째 링이 아우디, 두 번째가 데카베, 세 번째가 호르히, 네 번째가 반더러를 상징한다. 이들 4개 회사는 1932년 '아우토 유니언 AG, 켐니츠(Auto Union AG, Chemnitz)'란 회사로 합병돼 현재의 아우디 AG의 초석이 된다.

1959년 다임러-벤츠가 아우토 유니온의 지분을 100% 인수했으나 1964년 폭스바겐이 아우토 유니온의 상표권과

아우디 A4

사업권 50%를 인수하면서 폭스바겐 그룹의 일원이 됐다.

아우디 브랜드가 전 세계에서 가장 인기를 얻고 있는 국가는 중국이다. 중국에서 아우디는 경제적 위치만으로는 구입할 수 없는 최고 권력을 상징하고 있으며 정부의 고위 관료들이 가장 선호하는 브랜드가 되면서 아우디의 가장 크고 핵심적인 시장이 됐다.

아우디가 프리미엄 자동차 시장에서 성공가도를 달리고 있는 바탕에는 누구도 할 수 없고, 또 시도조차 하지 않는 어려운 목표에 계속해서 도전하는 진보정신이 있다. 일반 도로에서 400km/h 돌파(1937년), 자동차 측면 충돌 테스트(1938년), 최강의 터보 직분사 디젤 TDI 엔진 개발(1989년), 알루미늄 차체 기술 ASF(Audi Space Frame) 개발(1993년) 등은 아우디가 자동차 역사에 한 획을 그으면서 이룩한 세계 최초의 기록들이다.

남자들의 로망, 람보르기니

최고 성능의 스포츠카를 만들겠다는 창업자의 열정이 담긴 슈퍼카의 상징 람보르기니(Automobili Lamborghini S.p.A)는 모든 남자의 로망이기도 하다. 람보르기니의 역사는 창업자인 페루치오 람보르기니(Ferruccio Lamborghini)의 고성능 슈퍼카에 대한 열정과 집념에서 비롯된다.

페루치오 람보르기니는 제2차 세계대전 후 트랙터 사업으로 큰 성공을 거두면서 돈과 명예를 한꺼번에 잡는다. 어렸을 때부터 자동차를 사랑했던 페루치오는 자신의 피아트 차량을 개조해 레이싱 대회에 출전할 정도로 자동차광이었지만 처음부터 직접 자동차 회사를 설립할 생각은 아니었다.

람보르기니가 슈퍼카 제작을 시작하게 된 계기는 아이러니하게도 라이벌 브랜드인 페라리와의 악연 때문이다. 1960년대 초 페루치오는 당시 인기 스포츠카였던 '페라리 250 GT'를 보유하고 있었는데 잦은 클러치 결함으로 악명이 높았다. 농기계를 생산했지만 뛰어난 엔지니어였던 페루치오는 페라리의 이런 결함을

페루치오 람보르기니

알려주기 위해 직접 엔초 페라리를 찾아갔다. 하지만 호의를 가지고 찾아간 페루치오에게 엔초 페라리는 "당신이 자동차에 대해 뭘 아느냐? 트랙터나 잘 만들라!"는 말로 창피를 주고 말았다.

자신을 최고의 엔지니어로 생각하며 유달리 자신감과 자존심이 강했던 람보르기니는 '내가 만족할 수 있는 최고의 슈퍼카를 직접 만들겠다'는 결심을 하게 되었고, 즉각 회사 설립에 착수하여 지금의 본사인 볼로냐 인근에 최고의 시설을 갖춘 공장을 짓기 시작했다. 동시에 그는 최정예 기술자들을 끌어 모았고, 1962년 마침내 람보르기니라는 브랜드를 탄생시켰다.

1963년 람보르기니는 토리노 모터쇼에서 12기통 엔진이 장착된 첫 번째 모델인 350GTV를 공개해 엄청난 반응을 얻게

▲람보르기니의 350GTV
▼400GT

된다. 그리고 후속 모델인 400GT까지 잇따라 성공시키며 엔초 페라리는 물론 '슈퍼카를 만드는 것은 무모한 시도'라고 비웃던 업계의 코를 납작하게 만들었다.

1966년은 람보르기니 역사에서 빠질 수 없는 해다. 당대 최고의 명차이자 지금까지도 최고의 슈퍼카

미우라 로드스터 (1968)

중 하나로 손꼽히는 미우라가 탄생한 해이기 때문이다. V12 4,000cc 엔진을 탑재한 미우라는 최고 출력 350마력, 최고 속도 280km/h로 당시로서는 충격적인 성능을 발휘하는 진짜 슈퍼카였다.

미우라가 슈퍼카의 역사에서 중요한 위치를 차지하는 더 큰 이유는 최초로 미드십(엔진을 운전석 뒤쪽에 배치해 차량의 전후 밸런스를 이상적으로 맞춘 방식)을 채택했기 때문이다. 미우라 이후 람보르기니는 페라리를 능가하는 슈퍼카로 인정받기 시작했고, 미우라에서 시작된 미드십 방식은 페라리를 비롯해 경쟁사들 대부분이 채택해 지금은 정통 슈퍼카의 상징이 됐다.

람보르기니는 1970년대 트랙터 사업 부진과 파업으로 위기를 맞으면서 창업주 페루치오 람보르기니가 1974년 모든 지분을 스위스 투자사에 넘기고 은퇴했다. 페루치오의 은퇴 이후 오일쇼크가 닥치면서 슈퍼카의 판매가 크게 감소했고, 결

디아블로6.0 (2001)

람보르기니의 엠블럼

국 1978년 람보르기니는 파산하고 만다. 이후 스위스의 투자가인 밈란 형제가 파산한 람보르기니의 공장을 인수한 이후 카운타크 개발 및 출시를 적극 지원해 다시 부활했고, 크라이슬러로 넘겨진 후 전설적인 슈퍼카 디아블로를 출시해 큰 성공을 거두기도 했다. 하지만 모회사였던 크라이슬러의 재정난으로 1994년 인도네시아의 부호인 토미 수하르토가 이끄는 투자자 그룹에 매각되는 운명을 맞게 된다. 1990년대 후반의 경제위기로 인해 타격을 입은 수하르토 가문에서도 제대로 자리를 잡지 못한 람보르기니는 1998년 8월 아우디에 인수되면서 안정을 찾게 된다. 아우디와 손잡은 이후 람보르기니는 제2의 전성기를 맞았다. 무르시엘라고, 베이비 람보르기니 가야르도 등 슈퍼카의 전설적 모델들을 연이어

람보르기니 무르시엘라고

개발하면서 이 시대 최고의 슈퍼카로 성장했다.

　모델명 무르시엘라고는 1879년 스페인 투우장에서 투우사의 칼에 24번이나 찔리고도 죽지 않은 황소의 이름이며 스페인어로 '박쥐'를 뜻한다. 가야르도 역시 스페인 투우 역사에서 전설적인 맹우로 명성을 떨친 소의 이름에서 따온 것이다.

성공한 비즈니스맨의 상징, BMW

　이 시대 최고의 명차를 자부하는 BMW는 제1차 세계대전이 한창이던 1916년 바이에른의 중심지 뮌헨에서 항공기 엔진 회사를 운영하던 칼라프, 막스 프리츠, 카라프와 구스타프 오토가 합작해 항공기 엔진 메이커인 바이에리쉐 모터제작회사(Bayerische Flugzeugwerke AG)를 설립하면서 태어났다. 1917년에는 '바이에리쉐 모토렌 베르케(Bayerische Motoren Werke)'로 회사명을 바꾸고 약자인 'BMW'로 불리기 시작했다. 이들이 만든 엔진은 제1차 세계대전 당시 독일 공군기에 쓰여 항공기 엔진 제작 분야에서 부동의 자리를 차지하고 있었다. 1918년에는 'GmbH 유한회사'에서 'AG 주식회사'가 되면서 현재의 'BMW AG'로 사명을 유지하고 있다.

　독일 최고 수준의 기술력을 표방하는 BMW는 그 이미지에 맞게 모델명에 있어서도 확실한 숫자 표기를 이용한다. 세단은 '1-3-5-7 시리즈' 등 우선 차체 크기에 따라 숫자로 분류한 후 마지막 두 자리에는 배기량을 표기한다. 예를 들어 BMW 최상

BMW X1

위 럭셔리 대형 세단인 BMW 760 Li는 7시리즈의 모델이며 배기량 6,000cc를 의미한다. 끝의 'L'은 '롱바디(Long body)'를 의미하며 'i'는 가솔린 엔진이 장착됐음을 나타낸다. 또 Z4의 경우 'Z'은 2인승을 의미하는 독일어의 약자이며, X5에서 'X'는 4륜구동을 의미한다. M3, M5의 'M'은 Motorsports의 약자로 고성능 스포츠 세단을 의미한다.

BMW는 세계에서 가장 엄격하고 체계화된 브랜드 관리로 유명하다. 스포티한 고성능 세단이 주는 역동적인 이미지, 젊고 세련되며 자신의 삶에서 성공한 사람들이 타는 성공의 이미지, 단지 운송수단이나 사회적 계급을 나타내는 의미에서의 수단이 아니라 운전하는 즐거움을 제공한다는 이미지를 각인시키고 있다.

BMW는 항공기 엔진에서 모터사이클을 거쳐 자동차 분야로 확장해 왔으며 '하늘에서 땅으로' '두 바퀴에서 네 바퀴로'라는 의미를 담고 있는 BMW의 엠블럼은 바로 이러한 역사를 담고 있다. 초기에는 항공기 엔진을 생산했기 때문에 엠블럼의 기본 형태는 비행기의 프로펠러 모양에서 형상화됐다. 여기에 BMW 본사가 자리 잡고 있는 바바리아주(州)의 푸른 하늘을

BMW 엠블럼의 변천사

상징하는 청색과 알프스의 흰 눈을 상징하는 백색을 도입해 청백색으로 회전하는 프로펠러 형상의 엠블럼이 완성됐다. 성공한 비즈니스맨의 상징으로 선택된 BMW의 모든 차에는 어김없이 BMW의 엠블럼이 부착된다.

엠블럼과 함께 또 하나의 상징은 수많은 자동차들 속에서 BMW를 쉽게 구별해낼 수 있는 독특한 라디에이터 그릴이다. 자동차 전문가가 아니어도 'BMW'하면 많은 사람들이 2개의 신장 모양을 닮은 '키드니 그릴(Kidney Grille)'을 먼저 떠올린다. 이 디자인은 1931년 일(Ihle) 형제에 의해 2인승 로드스터에 시범적으로 도입됐고, 1933년 베를린 모터쇼에서 소개된 신형 303시리즈에 다시 부착됨으로써 BMW를 특징짓는 상징이 되었다.

BMW의 역사에서 1955년 3륜 소형차였던 이세타(Isetta)와 1959년 700모델에서 디자인의 특성상 키드니 그릴이 두 차례

독특한 모양의 라디에이터 그릴
(BMW New X5)

생략된 적이 있다. 그러나 당시 BMW사의 대주주였던 헤르베르트 콴트가 이사회에서 키드니 그릴의 고수를 고집했고, 이후 키드니 그릴은 변화하는 자동차 디자인의 형태에 따라 길어지거나 낮아지는 외관상의 변화는 있었지만 기본 형태는 변함없이 유지되어 왔다. 키드니 그릴은 '함부로 변화를 취하기보다는 끊임없는 진화의 과정을 거쳐 정상에 도달하려는' BMW 특유의 남부 독일 마에스트로(장인) 정신의 상징이기도 하다.

1993년 베른트 피세츠리더(Bernd Pischetsrieder) 회장이 취임한 이후 BMW는 1994년 영국 최대의 자동차 메이커 로버 그룹(Rover Group)과 롤스로이스, 랜드로버, 로버, MINI 등을 인수해 규모를 키웠다. 특히 1998년 세계적인 수제 브랜드인 롤스로이스를 인수하면서 새로운 본사와 공장을 설립하고 롤스로이스 고유의 디자인과 21세기 BMW의 결합으로 이루어진 최고의 모델 '뉴 팬텀'을 내놓기도 했다. BMW그룹은 2000년 로버와 랜드로버를 각각 피닉스 컨소시엄과 포드에 넘겨 BMW와 MINI, 롤스로이스 등 세 개의 독립적인 프리미엄 브랜드만 남아 있다.

미니스커트를 탄생시킨 작은 거인, 미니

BMW그룹의 MINI 브랜드가 지난 50여 년 동안 전 세계에서 성공을 누릴 수 있었던 이유는 1959년부터 '편안하고 충분한 실내 공간, 그리고 스포티한 성능의 구현'이라는 변함없는 원칙을 고수했기 때문이다. 세계 최고의 소형차 개발을 목표로 1957년 BMC(British Motor Corporation)의 회장이었던 레오나드 로드(Leonard Lord)는 카디자이너였던 알렉 이시고니스(Alec Issigonis)에게 당시 모리스 마이너(Morris Minor)를 바탕으로 미니어처와 같이 작은 크기의 자동차 디자인을 개발해 달라고 제안한다.

미니어처에서 착안한 브랜드 MINI의 역사는 이렇게 시작됐다.

1956년 말 알렉 이시고니스는 '작은 차체, 넓은 실내(small outside, bigger inside)'라는 컨셉으로 대중차 설계를 시작했다. 그리고 앞바퀴 굴림방식 채용, 가로배치 직렬엔진 탑재 등 당

▲알렉 이시고니스
▼MINI의 바탕이 된 모리스 마이너

1959년 생산된 MINI

시로서는 새로운 개념의 기술을 도입해 1959년 8월 MINI의 첫 모델이 출시된다. 발표 당시의 이름은 '오스틴 세븐'과 '모리스 마이너'로 똑같은 차에 다른 이름을 사용하다가 1969년 MINI라는 독자적인 브랜드로 독립했다.

MINI가 지난 50년 동안 세계 젊은이들의 아이콘으로 성장하게 된 것은 독특한 디자인과 좋은 연비 효율, 부피가 작으면서 최대한의 실내 공간을 지닌 소형차이기 때문이다. 1959년 출시 당시 MINI가 일으킨 충격은 상상을 초월할 정도였으며 이제까지의 모든 규범을 타파한 것이었다.

첫째, 이 차는 믿기 어려울 정도로 작았다. 불과 3.05m밖에 되지 않는 크기에 네 명의 어른과 짐까지 실을 수 있는 충분한 공간을 확보했다. 둘째, 당시로서는 매우 혁신적인 일로 4개의 휠 모두에 독립식 서스펜션을 탑재시켰다. 셋째, 당시로서는 첨단 기술인 전륜 구동방식을 채택했다.

MINI Cooper의 엠블럼

넷째, MINI에 적용된 휠은 당시 패밀리카에 사용되는 크기의 3분의 2에 불과했다. 다섯째, 엔진을 차 앞부분에 가로지른 형태로 장착했다. 여섯째, 엔진과 기어박스는 콤팩트한 단일 구조로 장착했다. 이와 같은 기술적인 측면 외에도 사람들은 이 차를 몰기 시작하면서 소형차로서는 믿을 수 없을 정도의 즐거움을 느끼게 됐다. 소형차의 혁명을 몰고 온 MINI는 디자이너 이시고니스를 일약 스타로 만들었고, 패션 디자이너 메리 콴트(Mary Quant)는 MINI에서 영감을 받아 미니 스커트를 만들기도 했다.

미니의 인기는 '자유로운 60년대(Swinging Sixties)'의 도래와 함께 개인적인 성향이 강한 고객 취향과 어우러져 공전의 히트를 기록하기 시작했다. 특히 모터스포츠와는 전혀 어울릴 것 같지 않았지만 당시 최고의 레이싱카 컨스트럭터 존 쿠퍼(John Cooper)에 의해 엔진 배기량 997cc, 트윈 카뷰레이터를 추가 장착해 출력 55마력, 최고 속도 130km/h를 발휘하는 괴물로 변신하면서 영국 레이서의 사랑을 받기 시작했다. 이는 곧 '쿠퍼(Cooper)'라는 전혀 새로운 영역의 시작을 알리는 계기가 됐다.

몬테카를로 랠리에 참가한
MINI Cooper

MINI Cooper는 1961년 양산돼 1971년까지 총 10년간 생산되다가 19년의 공백기를 갖고, 1990년 영국 로버에 의해 다시 생산이 재개됐다. 존 쿠퍼의 MINI는 1964년에서 1967년까지 몬테카를로 랠리(Monte Carlo Rally)에서 자신보다 훨씬 큰 세계 유수의 랠리카를 따돌리고 연속 우승하면서 영국을 대표하는 자동차의 상징이 됐고, 엘리자베스 여왕은 알렉 이시고니스의 공을 기려 귀족 작위를 수여하기도 했다.

유럽 자동차 브랜드의 시작, 시트로엥

처음 자동차를 발명한 것은 독일이지만 세계에서 처음으로 자동차 판매를 시작한 것은 프랑스인 에밀 로저(Emile Roger)다. 1919년 앙드레 시트로엥(Andre Citroen)에 의해 설립된 시트로엥

(Citroen)은 프랑스 최초의 자동차 브랜드로 자동차 산업의 역사이기도 하다.

1900년 앙드레 시트로엥은 폴란드에 방문하게 된다. 이때 V자 모양의 디자인을 기본으로 한 기어 제조과정을 발견하고, 제1차 세계대전 이후 시트로엥의 전신이 되는 'La Societe des Engrenages Citroen'이라는 회사를 설립해 앞서 봐둔 기술을 도

앙드레 시트로엥

입한다. 그때 그의 나이는 겨우 24세였다. 이후 시트로엥만의 제조 기술로 특허를 내고 자동차 제조에 본격적으로 착수하면서 자연스럽게 두 개의 V자 모양이 시트로엥의 상징이자 엠블럼이 됐다. 시대의 흐름에 따라 로고는 변했다. 과거 파랑과 노랑색의 로고는 회사의 다이나믹함을 표현했고, 빨강 배경에 흰색의 쉐브론은 더욱 강렬한 아이덴티티를 표현하며 1980년대까지 시트로엥을 상징하게 된다. 2009년에는 3차원적인 쉐브론이 채택되어 프레임을 탈피하고 더욱 강한 혁신의 의지를 나타내었다.

93년의 역사를 지닌 시트로엥은 독일을 비롯한 경쟁 브랜드에 비해 비교적 늦게 자동차 산업에 뛰어들었다. 창업자인 앙드레 시트로엥은 이를 극복하기 위해 세계 자동차 산업에 혁신을 일으킬 수 있는 독창적인 아방가르드 기술을 표방했고, 통념과 상식을 깨는 파격적이고 창의적인 디자인과 혁신적인 기술로 유명 모델들을 개발해냈다. 시트로엥은 적정한 가격의 차량, 누구나 일상생활에서 탈 수 있는 자동차를 만들겠다는 야망을 갖고 있었다. 그 꿈을 실현한 뒤 1935년 7월 세상을 떠나기까지 세계 최초의 도전 정신으로 탄생한 수많은 기록을 남겼다.

1919년 탄생한 'Type A'는 앙드레 시트로엥이 들여온 유럽 최초 대량 생산 기술을 바탕으로 생산되었으며 세계 최초 전륜

시트로엥 DS19

구동 자동차인 트락시옹 아방(Traction Avant), 세계 최초 4단 변속기 2CV, 세계 최초의 전륜 디스크브레이크를 장착한 DS19 등이 그의 대표적인 작품이다. 이후에도 시트로엥은 럭셔리 쿠페 SM, 1975년 프랑스 대통령 차량으로 안정성과 스타일을 인정받은 CX, 스탑앤스타트(Stop and start) 기술을 가장 먼저 상용화한 C3, 광각의 시야와 드넓은 실내공간을 함께 제공하는 그랜드 C4 피카소 등 끊임없이 미래 지향적 모델을 창조하며 세계에서 가장 많은 모델을 생산하는 브랜드로 성장했다. 시트로엥은 현재 세계 7위, 유럽 2위의 세계적인 자동차 제조회사 'PSA 푸조 시트로엥' 의 2개 볼륨 브랜드 가운데 하나로 새로운 '시트로엥 DS라인'을 통해 '프렌치 프리미엄' 역사를 쓰고 있다.

시트로엥 그랜드 C4 피카소

장갑차 만드는 방산업체 르노의 변신

　삼성자동차 인수로 우리나라에 진출한 르노는 유럽 최대의 자동차 회사이자 장갑차와 전차 등을 생산하는 프랑스의 대표적인 군수업체로 유명하다.

　1899년 루이 르노(Louis Renault), 마르셀(Marcel) 르노, 페르낭(Fernand) 르노 형제가 설립한 르노(Renault)는 첫 양산차 'Type A'와 1900년 세계 최초 살롱인 'Type B'를 만들어 유명세를 타기 시작했다. 포목점을 운영하는 부모 밑에서 태어난 루이 르노가 13세 때 증기차 제작자인 레옹 세르폴레의 차에 반해 스무 살이 되던 해 시속 32km/h의 2인승 차인 루이 르노 1호 'Type A'를 만든 것이다. Type A는 당시만 해도 벨트나 자전거 체인으로 구동력을 전달했던 방식과 달리 프로펠러 샤프트와 디퍼렌셜 기어로 뒷바퀴를 구동하는 직접변

▲루이 르노
▼Type A

르노의 엠블럼

속기 방식을 적용했다. 루이 르노는 1899년 친형인 페르낭과 마르셀을 설득해 자동차 회사를 설립했고, 같은 해 파리산업박람회에 르노 1호차를 출품해 60대의 주문을 받아내기도 했다.

르노 사는 제1차 세계대전 동안 탱크와 항공기 엔진, 포탄 등 군수품 제조로 막대한 이익을 남겼지만 제2차 세계대전 독일 점령 하에서 대부분의 시설을 연합군 포격으로 잃기도 했다. 전쟁이 끝난 뒤에는 프랑스 정부가 남은 재산을 몰수해 1945년 국영기업으로의 운명을 맞기도 했다. 하지만 국영체제 하에서 1974년 시트로엥의 베를리에 자동차 회사를 인수하고 1983년 미국의 맥트럭의 대주주가 된데 이어 1981년 푸조의 유럽 닷지(Dodge) 트럭 사업부 지분을 매입하는 등 사업영역을 확장했다.

특히 르노는 닛산뿐만 아니라 같은 프랑스 기업인 푸조와도 협력관계를 맺고 있으며 자동차 이외에도 농업·임업용 장비, 선박·산업용 엔진, 기계 도구, 특수강철 제품 등을 생산하고

르노의 Clio (2013)

있다. 우리나라에는 쌍용그룹이 1988년 르노의 모델을 들여와 판매했으나 1992년 철수했고, 2000년 르노삼성자동차 출범과 함께 다시 진출했다.

장인의 손길, 롤스로이스

돈만 많다고 해서 살 수 없는 세계 유일의 브랜드 롤스로이스(Rolls Royce)는 전구용 필라멘트 제작 회사를 운영하던 프레드릭 헨리 로이스(Frederick Henry Royce)에 의해 탄생했다. 롤스로이스는 대부분의 공정이 수십 년의 경력을 가진 장인들의 수작업으로 이뤄지고 있으며 이 때문에 연간 6,000여 대밖에 생산되지 않는다. 더구나 롤스로이스는 아무리 돈이 많아도 차를 사려는 사람의 자격이 미달로 판단되면 아예 판매를 하지 않는다. 이 때문에 롤스로이스는 부와 함께 신분을 과시하는 최고의 차로 명성을 유지해왔다.

프레드릭 헨리 로이스

이런 정책은 프레드릭 헨리 로이스와 함께 롤스로이스를 탄생시킨 찰스 롤스(Charles Rolls)가 영국 귀족 출신이라는 점과 맥을 같이 한다. 자동차 딜러이자 유명 레이서로 활약하던 찰스 롤스는 세상에서 가장 조용하고 가장 매끄럽게 나가는 자동차

롤스로이스의 마스코트
Spirit of Ecstasy

를 목표로 했다. 그리스 파르테논 신전을 본뜬 라디에이터 그릴, '플라잉 레이디'로 알려진 마스코트 'Spirit of Ecstasy' 등 가능한 고급스럽고 쉽게 볼 수 없는 독특한 문양들을 사용한 것도 이 때문이다.

하지만 롤스로이스는 벤틀리, 비커스를 거쳐 현재는 BMW에 흡수되어 있다. 벤틀리와 합병한 롤스로이스는 제2차 세계대전을 계기로 비행기 엔진 제작에 뛰어들었지만 비행기 엔진 제작을 하면서 도산했고, 1971년 국유화된 뒤 다시 비커스 산하로 흡수됐다가 1998년 BMW와 폭스바겐의 인수 경쟁에서 결국 BMW가 차지하는 운명을 맞게 된다. 당시 BMW는 롤스로이스 브랜드에 대한 소유권을 차지했지만 생산시설인 영국 크루 공장은 폭스바겐이 차지해 BMW는 영국 굿우드에 롤스로이스 전용

롤스로이스의 팬텀

공장을 새로 만들어야 했다. 롤스로이스는 1925년 데뷔해 6세대까지 만들어졌지만 1991년에 단종됐던 최고급 모델 '팬텀'을 새로 개발해 현재까지 이어지고 있다.

럭셔리 컨티넨탈, 벤틀리

롤스로이스, 마이바흐와 함께 세계 3대 명차로 꼽히는 벤틀리(Bentley)는 1919년 월터 오웬 벤틀리(Walter Owen Bentley)에 의해 탄생했다. 영국 빈티지카(1919~1930년에 생산된 영국차량)의 대표주자 격인 벤틀리의 창업주 월터 오웬 벤틀리는 부유한 집안 출신이다. 원래 벤틀리는 '사람들에게 진흙탕물이나 튀기는 쓸모없는 도구'라고 하며 자동차를 싫어했다고 한다. 하지만 생애 첫 구입한 중고자동차의 매력에 푹 빠졌고, 프랑스에서 자동

차를 수입해 판매하던 동생 호레이스 벤틀리(Horace Milner Bentley)와 함께 1919년 벤틀리 모터스를 설립했다.

▲벤틀리의 첫 모델 3Litre
▼벤틀리의 엠블럼

벤틀리의 첫 모델 3리터(Litre)는 1924년과 1927년 혹독한 내구 레이스로 유명한 자동차 경주인 '르망 24시'에서 우승하며 기

벤틀리 멀산느(mulsanne)

술력을 인정받았고, 연이어 발표한 6.5리터와 4.5리터 등도 자동차 경주에서 최고의 성적을 거두며 주가를 높였다. 벤틀리는 1931년 경영난으로 롤스로이스사에 매각된 이후 성능과 디자인이 유사하게 바뀌면서 냉소적인 반응을 받았지만 1980년 이후 멀산느와 컨티넨탈과 같이 독자적인 모델을 내놓으면서 화려한 명성을 되찾았다. 국내에서는 재벌 그룹의 오너들이 즐겨 타면서 '회장님 차'로 불리고 있다.

비운의 럭셔리 카, 재규어

'재규어자동차(Jaguar Cars)'는 1930년대부터 시장이 분화된 고급 세단과 스포츠카로 유명한 영국의 자동차 회사다. 원래 재규어자동차는 미국 포드에 매각되어 볼보, 랜드로버, 애스턴 마틴과 함께 프리미어 오토모티브 그룹(Premier Automotive Group)의 일원이었다. 그러나 포드의 구조 조정으로 인해 인도의 타타

Jaguar SS1 (1931)

자동차에 팔려 지금은 랜드로버와 함께 타타자동차의 자회사
이다.

재규어자동차는 1922년 오토바이광이었던 윌리엄 라이온
스(William Lyons)와 윌리엄 웜슬리(William Walmsley) 두 명이 '스
왈로우 사이드카 회사(Swallow Sidecar Company)'란 이름으로 설립
했고, 제2차 세계대전 후 1945년에는 현재의 '재규어자동차'로
개명했다.

재규어자동차의 초기 성공은 1931년 런던 모터쇼에 소개된
SS1을 발표하면서부터다. SS1은 당시 고급 자동차 모델이었던
벤틀리를 닮았으나 가격은 벤틀리의 3분의 1밖에 되지 않아
많은 판매고를 올렸다. 이어 1935년 'SS 재규어'를 발표하였고,
1936년에는 시속 160km/h 기록을 돌파한 SS100을 연속해서
발표하였다. 1951년에는 르망 24시 경주에서 우승하기 시작하
면서 스포츠카의 새장을 열었다. 이후 1955~1957년까지 3회
연속 르망 24시에서 우승을 차지하기도 했다.

승승장구하던 재규어는 1960년 버밍행 스몰 암스(BSA:
Birmingham Small Arms)로부터 영국의 다임러(DMC: Daimler Motor

재규어자동차의 엠블럼

Company, 독일의 다임
러와는 다른 회사)를
인수했다. 이때부
터 '다임러'란 이름
은 재규어의 고급
살롱 브랜드가 되
었다. 1966년 재규
어는 브리티시 모터(BMC: British Motor Corporation)에 합병되어 브
리티시 모터 홀딩스(BMH: British Motor Holdings)로 개명했다. 브리
티시 모터 홀딩스는 다시 1968년 리랜드(Leyland)와 합병해 브
리티시 리랜드(British Leyland Mortor Company)가 되는 우여곡절을
겪었다. 이때 생산된 모델이 XJ6 살롱인데, 이 모델은 이후 30
년이나 생산될 정도로 장수 모델이었고 현재의 XJ 모델이다.

이후 재정 문제로 고전하던 브리티시 리랜드는 1957년 라
이더 보고서(Ryder Report)에 따라 국유화의 길을 걷게 되었으나
1984년 대처 정부의 민영화 정책에 따라 다시 재규어자동차로
분리되면서 민영화
되었다. 민영화 후
1989년 포드에 합
병되었고, 이 와중
에 설립자 중 한
사람이었던 윌리엄
라이온스가 1985

1968년형 재규어 XJ6

모뮬러1(F1)에 참가한 재규어 레이싱 팀

년 사망했다.

포드에 합병된 재규어는 링컨 LS의 뒷바퀴굴림 플랫폼을 공용한 세단인 S-타입 모델을 발표하는데, 1999년 미국에서 '올해의 상품'으로 선정될 정도로 인기를 누려 재기에 성공하게 된다. 2000년에는 재규어 레이싱(Jaguar Racing) 팀을 만들어 재규어 사상 처음으로 '포뮬라 원(F1) 자동차 경주'에 출전하는 등 제2의 전성기를 구가하고 있다. 2007년에 S-타입의 후속으로 내놓은 후륜구동 어퍼 미들 세단인 XF 이후로는 기존의 클래식한 디자인에서 탈피했고, 신형 XJ도 클래식을 버린 새로운 디자인을 이용한다.

유럽 북구에서 탄생한 안전의 대명사, 볼보

1926년 7월 스웨덴의 어느 레스토랑에서 경제학자 아서 가브리엘슨(Assar Gabrielsson)과 당시 최대의 볼베어링 회사인 SFK의 엔지니어 구스타프 라슨(Gustaf Larson)이 함께 저녁식사를 하면서 미래 계획을 구상했고, 냅킨 뒷면에 자동차의 차대 하나를 디자인했다. 이 디자인은 이후 볼보의 최초 모델인 ÖV4(Open/Vehicle4, 일명 야꼽)의 뼈대가 되었다. 두 사람은 SFK의

볼보의 엠블럼

지원을 받아 예테보리 근처에 스웨덴 최초의 현대식 자동차 공장을 세우고, 회사명을 라틴어로 '나는 구른다(I Roll)'는 의미의 볼보(Volvo)로 명명했다. 볼보의 창업자들은 SFK와의 특별한 관계를 기념하는 의미에서 회전하는 베어링을 형상화한 화살표 문양의 엠블럼을 만들어 차에 달았고, 이후 볼보의 상징으로 자리 잡았다. 볼보의 엠블럼 '아이언 마크(Iron Mark)'는 스웨덴 철강 산업의 수호신 'Mars'의 상징으로 로마 시대에는 '전쟁의 신'으로도 불렸다. 이후 아이언 마크는 계속 발전하면서 약 80여 년간 이어져 왔다. 이러한 연장선상에서 지난 2006년 새롭게 단장된 아이언 마크는 볼보의 강인하고 단단한 이미지와 더불어 현대적이고 프리미엄한 이미지를 보다 발전시키면서 동시에 감성적인 가치를 강화했다.

볼보의 설립자들은 스웨덴이 추운 나라인데다 도로 사정도 좋지 않기 때문에 가장 먼저 안전에 대해 신경을 쓰게 되었다. 볼보 자동차의 기업이념이 안전에 중점을 두고 '안전(Safety), 품질(Quality), 환경(Environment)'이 된 것도 이러한 이유에서 기인한다.

강력한 차대와 활축, 그리고 긴 원통형 스프링을 앞뒤로 장식하는 미국식 디자인을 기초로 해 제작된 볼보의 최초 모델 '야곱'은 4기통 엔진으로 최고속도 90km/h, 정상 주행속도

야곱

60km/h를 기록한 볼보의 첫 모델이며, 1928년 4월에는 6기통 PV651이 나왔다. PV651은 길이와 폭이 더 커진 자동차로 야곱보다 강한 프레임이 장착되었다. PV651은 더욱 증가한 엔진 출력으로 매우 좋은 반응을 얻었으며 볼보가 진출을 희망했던 택시 시장에서 특히 호평을 받았다.

제2차 세계대전 중 볼보는 스웨덴 군용차량 생산체제로 전환하여 비도로 주행용 차량 등을 생산하는 데 전념하는 한편 소형차 PV444를 개발해 볼보의 실질적인 전환기를 마련했다. PV444 개발 과정에서 볼보는 세계 최초로 안전한 차체와 라미네이트(여러 장의 판유리 사이에 플라스틱의 중간층을 끼워 접착한 유리) 된 자동차 유리를 선보였다. 안전에 관한 개발은 PV444 후속 모델인 PV544 및

볼보의 PV651

볼보의 PV444

볼보 121 아마존에 이르러 더욱 발전되었다. 1959년에는 삼점식 안전벨트를 최초로 개발해 안전 면에서 최고의 기술력을 보유하는 기틀을 마련한다. 볼보는 1974년 240/260 시리즈가 생산되면서부터 안전에 관한 세계 자동차 업계의 선두주자로 부상했다.

"자동차는 사람에 의해 운전됩니다. 따라서 볼보에서 제작하는 모든 것은 '안전'이라는 지상과제를 기본으로 해 만들어지고 있으며 이는 영원히 지속될 것입니다"라는 볼보의 창업자 구스타프 라슨과 아서 가브리엘슨의 철학은 2010년 중국 지리(吉利)자동차와의 합병 이후에도 계속되고 있다. 1959년 삼점식 안전벨트, 1964년 세계 최초의 후면방향 장착 어린이 안전시트 원형 개발, 1972년 세계 최초의 후면방향 장착 어린이 안전시트 개발, 1974년 충격 흡수식 범퍼 장착, 1984년 급제동 방

볼보 S60 Polestar (2013)

지 브레이크등, 1994년 세계 최초 사이드 에어백 및 측면보호 시스템 등을 개발해 자동차에 적용한 것도 바로 볼보다.

남자의 로망, 페라리 그리고 엔초 페라리

이탈리아 최고의 스포츠카 브랜드 '페라리(Ferrari)'는 1947년 자동차 레이서로 유명했던 엔초 페라리(Enzo Ferrari)에 의해 이탈리아 마라넬로에서 탄생했다. 레이스와 스피드에 한평생을 바친 고집스러운 이탈리아의 장인 정신이 오늘날의 페라리를 만들었다고 해도 과언은 아닐 것이다. 그만큼 창립자 엔초 페라리가 남긴 유산은 페라리의 명성 그 이상이다. 창업주의 이러한 정신을 통해 페라리는 완벽한 성능을 갖추게 되었고, 여기에 이탈리아 유명 디자인 업체인 피닌파리나(Pininfarina)가 만들어낸 아름다운 스타일이 더해져 전 세계 스포츠카의 대명사로 자리 잡았다.

1898년 2월 18일 이탈리아 모데나(Modena)에서 태어난 엔초 페라리는 1988년 8월 14일 아흔 살의 나이로 세상을 떠날 때까지 회사에 광범위한 영향력을 행사했다. 스포츠카의 설계 및

엔초 페라리

자동차 레이서 시절의 엔초 페라리(가운데)

제작, 그리고 트랙에 일생을 바친 그는 1924년 알파 로메오(Alfa Romeo)의 공식 선수가 된다. 그로부터 5년이 채 지나지 않아 그는 모데나의 비알레 트렌또 트리에스떼(Viale Trento Trieste)에 '스쿠데리아 페라리(Scuderia Ferrari)'라는 회사를 설립했다. 스쿠데리아 사는 엔초 페라리가 알파 코르세(Alfa Corse) 사의 레이싱 매니저가 되던 해인 1938년까지 알파 로메오 차량의 레이스를 지원했으며 대부분의 선수들이 그의 차로 경주에 참가했다.

엔초 페라리는 1년 후인 1939년에 퇴임해 기존 스쿠데리아 페라리 본사에 자신의 회사인 오토 아비오 코스트루치오니(Auto Avio Costruzioni)를 설립, 낡은 스쿠데리아 건물에서 사업을 시작한다. 이 신설 회사는 1,500cc 8기통 815스파이더를 제작했으며, 그중 2대는 1940년에 밀레 밀리아(Mille Miglia) 경주를 위해 제작됐다.

Auto Avio Costruzioni 815 (1940)

그러나 제2차 세계대전이 발발하면서 모든 자동차 경주가 중단됐고, 1943년 말 오토 아비오 코스트루치오니 작업장은 모데나에서 마라넬로로 이전했다. 1944년 11월과 1945년 2월의 폭격에도 불구하고 생산은 계속됐다.

전쟁이 끝날 무렵에는 디자인과 자동차 생산이 재개돼 페라리의 첫 번째 차량인 1,500cc 12기통 '125 Sport'가 탄생했다. 이 차는 프랑코 코르테즈(Franco Cortese)에 의해 1947년 5월 11일에 열렸던 피아첸차(Piacenza) 서킷에서 데뷔했다. 2주 뒤인 그 달 25일에는 테르메 디 까라깔라(Terme di Caracalla) 서킷에서 열린 로마 그랑프리(Rome Grand Prix)에서 우승을 하게 된다. 이때부터 페라리의 차들은 전 세계 자동차 경주에서 5,000회 이상의 우승을 달성하게 되고, 그 명성은 오늘날까지 전설처럼 이어져 오고 있다. 2010년 말까지 페라리는 〈F1 Drivers 세계타이틀〉 15회, 〈F1 Constructors 세계타이틀〉 16회, 〈Sports Car

〈F1 그랑프리〉에 참가한 페라리의 경주용 자동차

Manufacturers 세계타이틀〉 14회, 〈르망 24시(Le Mans 24 Hours)〉 우승 9회, 〈밀레 미그리아(Mille Miglia)〉 우승 8회, 〈타르가 플로리오(Targa Florio)〉 우승 7회, 〈F1 그랑프리〉 우승 215회를 기록하며 전 세계인의 박수갈채를 받았다. 페라리는 F1에서의 뛰어난 기술을 도로주행용 차량에 접목시켜 개발함으로써 혁신적인 기술을 바탕으로 한 새로운 모델을 꾸준히 선보이고 있다.

1969년 엔초 페라리는 늘어나는 시장 수요를 감당하기 위해 회사 지분 중 50%를 이탈리아 자동차 회사인 피아트 그룹(Fiat Group)에 매각했으며 그 지분은 1988년에 이르러 90%까지 증가했다. 페라리의 자본 지분은 현재 피아트 그룹 90%, 피에로 페라리 10%로 나뉘어져 있다. 그럼에도 불구하고 페라리는 제품의 특수성 덕분에 철저하게 독립적으로 운영되어 온 게 사실이다. 1977년에는 1950년대부터 페라리의 GT 섀시와 차체를 만들어온 카로체리아 스칼리에티(Carrozzeria Scaglietti)라는 모데나의 자동차 디자인 및 설계회사가 페라리에 합병됐다.

카로체리아 스칼리에티의
페라리 제작 현장

1997년에는 피아트가 1993년 인수한 모데나의 전설적인 브랜드 마세라티의 지분 중 50%를 페라리에 넘겼고, 1999년에는 페라리가 마세라티(Maserati)의 지분 100%를 인수하기에 이르렀다. 마세라티는 모데나의 역사적인 스포츠카 제조사였고 탁월함과 우아함의 대명사였으며 이탈리아 경주용 자동차계의 지지 않는 별 중하나로 자리매김하고 있었다. 또 페라리의 오랜 라이벌이기도 했다. 마세라티의 새로운 출발은 페라리 경영진의 진두지휘 하에 진행됐고, 마세라티의 모델과 공장단지 전부가 철저히 재정비됐다.

페라리를 상징하는 '도약하는 말' 모양의 전설적인 문양, 프랜싱 호스(Prancing Horse)의 유래에는 간단하지만 재미있는 일화가 있다. 영웅적인 기원이 담겨 있는 이 문양은 제1차 세계대전 당시 이탈리아의 영웅으로 떠올랐던 비행기 조종사 프란체스코 바라카(Francesco Baracca)가 자신의 비행기 기체에 그려 넣었던 것으로 '바라카의 말(Baracca's Cavallino)'이라 불리기도 했다. 1923년 레이서로 활약했던 엔초는 사비오(Savio) 레이스에서 첫 우승을 차지했다. 거기서 바라카의 부모를 만나게 된다. 이후, 엔초의 레이스에 감명받은 바라카의 부모는 행운을 기원하며 아들의 카발리노 람판테(Cavallino Rampante, 뒷발로 뛰어오르는 말) 문양을 엔초에게

페라리의 엠블럼

사각형 프레임의 프랜싱 호스 로고

선사했다. 이후 엔초는 프랜싱 호스와 노란색 방패 문양을 형상화하여 페라리의 상징으로 사용하기 시작했다. 로고의 바탕인 카나리아 노란색은 그의 레이싱팀 스쿠데리아 페라리의 본거지인 마라넬로의 상징 색깔이다.

현재 사각형 프레임의 프랜싱 호스 로고는 경주용 차량과 도로용 양산차 등 페라리에서 생산하는 모든 차량의 로고로 사용되고 있고, 방패형 프레임과 프랜싱 호스 로고는 페라리 레이싱팀을 상징한다. 또한 페라리 차량을 대표하는 전형적인 붉은색은 1900년대 초 국제자동차협회(International Automobile Federation)에서 개최한 그랑프리 경주에서 이탈리아 차량에 부여된 색이다.

레이서 출신의 루이스 쉐보레와 GM의 만남

미국의 제너럴모터스(General Motors)는 쉐보레(Chevrolet)를 중심으로 캐딜락(Cadillac)과 뷰익(Buick), 복스홀(Vauxhall), 오펠(Opel), 홀든(Holden), GMC(General Motors Company) 그리고 한국GM을 보유한 거대 기업이다. 대우자동차를 인수한 GM이 'GM대우'에서 '한국GM'으로 사명을 바꾸고 전격 도입한 쉐보

루이스 쉐보레

레는 GM의 핵심 브랜드로 미국의 유명 레이서였던 '루이스 쉐보레(Louis Chevrolet)'에서 비롯됐다.

GM은 윌리엄 듀런트(William Durant)가 1904년 뷰익의 지분을 사들여 1908년 창립된 세계 최대의 자동차 회사로 1911년 루이스 쉐보레가 세운 쉐보레를 인수하면서 비약적으로 발전했다. 2011년 100주년을 맞이한 쉐보레는 GM 내에서 판매량의 절반 이상을 차지하고 있다. 이처럼 GM의 글로벌 성장에 결정적 역할을 한 쉐보레는 1900년대 초 뷰익을 몰고 레이스 경주에서 우승하며 유명세를 탄 루이스 쉐보레가 GM의 설립자인 윌리엄 듀런트를 만나면서 탄생한다. 1911년 11월 두 설립자는 쉐보레 자동차 회사를 세우고, 1912년 말 '클래식 식스(Classic Six)'라는 첫 양산차를 내놓는다.

쉐보레 브랜드를 만들게 된 것은 당시 루이스 쉐보레의 명성이 워낙 높고

쉐보레의 첫 양산차 Classic6 (1912)

백만 대 판매 기록을 세운 490 모델 (1927)

발음도 좋아 듀런트가 직접 제안한 것으로 알려져 있다. 두 사람의 의기투합이 결실을 맺은 쉐보레의 첫 모델 '클래식 식스'는 4.9리터 엔진을 장착하고, 최고 속도 65마일의 강력한 성능을 바탕으로 제법 큰 인기를 모았다. 또 쉐보레 브랜드를 알리는 데 결정적인 역할을 했다. 이후 쉐보레는 당시 최고의 경쟁자였던 포드와 경쟁하기 위해 1914년 2.8리터 엔진을 얹은 '490' 모델을 선보인다. 차량의 가격인 490달러를 모델명으로 사용한 '490'은 1927년 백만 대 판매 기록을 세우며 포드의 이전 기록을 경신한다. 쉐보레는 이후 콜벳(Corvette), 카마로(Camaro) 등의 혁신적인 스포츠카와 머슬카를 개발하며 포드와 경쟁을 벌였고, 소형차 쉬베트(Chevette)는 1977년부터 1981년까지 새한자동차(대우자동차의 전신)에서 제미니(Gemini)는 이름으로 생산돼 국내에서 판매

쉐보레의 대표적인 머슬카 Camaro

쉐보레의 엠블럼

되기도 했다. 나비넥타이 모양인 쉐보레의 독특한 엠블럼은 1913년부터 사용되기 시작했다. 그 이전에는 쉐보레의 서명이 디자인된 엠블럼이 사용됐다.

GM의 창업자인 윌리엄 듀런트가 1908년 파리를 방문했을 때 자신이 묵은 호텔방의 벽지에서 창안한 엠블럼은 초창기에 짙은 푸른색을 사용하고 나비넥타이 모양 가운데 'Chevrolet'라는 글자를 새겨 넣었다. 1960년대까지는 다양한 형태로 엠블럼 모양을 발전시키면서 1960년대 말부터 푸른색에 은색과 금색 등 여러 색상을 함께 사용하기도 했다. 1980년도에는 가운데가 빈 빨간색 테두리의 쉐보레 엠블럼이 사용되기도 했다. 보석 형상의 금색 나비넥타이 형상의 엠블럼이 본격 사용된 것은 2003년 SSR 모델에 처음 적용하면서부터다.

사실 쉐보레 브랜드는 대우자동차의 전신인 신진그룹이 1972년 도요타와의 기술제휴를 끊고, 그해 GM코리아를 설립해 승용차를 생산하기 시작하면서 쉐보레1700, 레코드1900 등을 통해 이미 소개된 적이 있다. 그리고 30년 만에 다시 도입된 쉐보레 브랜드는 글로벌 시장에서의 성장을 바탕으로 GM이 현대자동차와 기아자동차에 이어 3위 메이커로 도약하는데 큰 기여를 하고 있다.

럭셔리 세단의 처음과 끝, 캐딜락

캐딜락이 처음 자동차를 만들기 시작한 때는 1902년으로 무려 110여 년 전으로 거슬러 올라간다. 단기통 10마력 엔진을 장착한 첫 자동차 '모델 A'에서부터 556마력의 6.2리터 V8 슈퍼차저(supercharger) 엔진을 장착한 CTS-V에 이르기까지 캐딜락은 클래식자동차 시대 이후 기술 및 스타일링의 혁신과 발전에 공헌해 온 진정한 프리미엄 명차 브랜드 가운데 하나로 손꼽힌다.

캐딜락의 역사는 미국의 자동차 역사라고 해도 과언이 아니다. 캐딜락은 지난 110여 년간 자동차 업계를 주도해 온 기술 혁신과 격조 높은 프리미엄 브랜드의 지위를 가진 브랜드로 드

미 대통령 의전용(儀典用) 차량으로 이용되는 캐딜락

와이트 아이젠하워, 로널드 레이건, 빌 클린턴, 조지 W. 부시 등 역대 미국 대통령들은 물론이고, 각국 정상들을 포함한 세계적인 정치가와 외교관, 예술가들이 캐딜락을 애용했다. 엘비스 프레슬리도 캐딜락을 몰았고, 마릴린 먼로는 캐딜락의 뒷좌석을 이용했다. 조선시대 순종의 어차도 캐딜락이었다. 현재 미국 오바마 대통령의 전용차로 애용되고 있는 캐딜락은 한 세기가 넘는 결코 짧지 않은 역사를 거치며 '부와 명예 그리고 성공의 상징'으로 수많은 이들의 사랑을 받아오고 있다. 주류에 편향하지 않는 캐딜락만의 정통성을 담는 동시에 진보된 기술과 디자인 철학이 담긴 캐딜락의 가치는 21세기인 지금도 여전히 유효하다.

개척 정신과 리더십을 상징하는 아름다운 캐딜락 엠블럼은 캐딜락의 혈통을 보여준다. 캐딜락이란 이름은 17세기 말 디트로이트를 개척한 프랑스의 장군 앙투안 모스 카디야(Le Sieur Antoine de la Mothe Cadillac) 경의 성을 딴 것이다. 캐딜락 엠블럼은 앙투안 모스 카디야 경 가문의 문장에서 유래, 1905년 캐딜락

캐딜락의 엠블럼

차량에 처음으로 사용하기 시작했고 30여 회에 걸쳐 변형되었다. 십자군의 방패를 본떠 디자인된 캐딜락 엠블럼은 기품 있는 가문의 용기를 나타내며 지혜를 뜻하는 흑색과 부를 뜻하는 금색이 대비를 이룬다. 적색은 용기와 담대함을, 은색

헨리 M. 릴랜드

은 청결과 순결, 자비, 풍요를, 마지막으로 청색은 기사의 용맹함을 상징한다.

캐딜락은 남북전쟁 당시 엔지니어였던 헨리 M. 릴랜드(Henry M. Leland)에 의해 미국 뉴잉글랜드에서 창립됐다. 남북전쟁 후 디트로이트로 돌아온 릴랜드는 디트로이트 오토모빌 컴퍼니(Detroit Automobile Company)가 정리될 위기에 처하자 이를 인수해 캐딜락 오토모빌 컴퍼니(Cadillac Automobile Company)를 세우게 된다. 캐딜락의 깊은 역사는 1902년 가변식 밸브 타이밍 1기통 엔진을 장착한 프로토 타입의 데뷔로부터 시작된다. 당시 750달러였던 이 자동차는 당시로서는 획기적인 25mpg(약 10.5km)의 연비와 시속 30마일의 성능을 발휘했다.

캐딜락은 1903년 1월 최초의 캐딜락 '모델 A'를 뉴욕 오토쇼에 전시해 자동차 회사로서 이름을 알리게 된다. 캐딜락의 첫 차 '모델 A'는 단기통 10마력 엔진으로 우수한 성능, 정밀한 기

캐딜락의 '모델 A'

술, 부품 호환성 등으로 미국 상류사회에서 인기를 끌기 시작한다. 이후 1905년 4기통 엔진을 얹은 캐딜락 '모델 D'로 바뀌게 된다.

캐딜락이 아메리칸 드림의 상징으로 자리 잡게 된 배경에는 1912년 선보인 '세계의 표준(Standard of the World)'이라는 캐딜락의 슬로건이 있다. 스스로 높은 기준을 만들고 신기술을 통해 이를 뛰어넘어 세계의 표준이 되겠다는 것이다. 이러한 목표 아래 1914년 세계 최초로 양산형 차량 V8 엔진을 개발하기에 이른다. 캐딜락이 앞선 기술력으로 자동차 역사의 한 페이지를 화려하게 장식했다는 것은 이미 널리 알려진 사실이다.

또 캐딜락은 1900년대 초반부터 우수한 기술력을 바탕으로 세계의 기준이 되기 시작한다. 1908년 세계 최초로 250개 부품 표준화 및 규격화에 성공한 캐딜락은 같은 해 영국의 황실 자동차 클럽으로부터 '자동차의 노벨상'이라 불리는 듀어 트로피(Dewar Trophy)를 수상하며 객관적으로 기술력을 인정받게 된다. 1910년 지붕과 윈도를 연결한 밀폐형 클로즈 캡 차체를 선보였고, 1912년에는 세계 최초로 전기 모터에 의한 엔진 시동 장치 및 점화·라이팅 시스템을 개발해 두 번째 듀어 트로피를 수상했다.

밀폐형 클로즈 캡이 적용된 캐딜락30 (1910)

캐딜락의 이러한 기술력은 싱크로메

쉬(Synchromesh) 수동 변속기, 양산형 차량 V16 엔진, 하이드라매틱(Hydra-Matic) 자동변속기를 비롯, 1999년 적외선을 이용한

다양한 기술력이 동원된 세단, 캐딜락 CTS (2012)

나이트비전(Night vision) 시스템, 2000년 마그네틱 라이드 컨트롤(Magnetic Ride Control) 시스템 등 세계 최초의 다양한 기술개발로 이어지고 있으며 진정한 프리미엄 브랜드로서의 캐딜락 리더십을 더욱 공고히 하고 있다.

기술력 못지않게 캐딜락을 유명하게 만든 것이 있으니, 바로 자동차 스타일링에 있어 새로운 유행을 창조하는 혁신적이고 과감한 디자인이다. 엔지니어가 아닌 디자이너와 협업해 자동차를 설계하는가 하면, 테일핀(꽁무니를 길게 뺀 디자인) 스타일을 최초로 적용해 미국 자동차 시장에서 이른바 '빅 핀 전성기'를 이끌었다. 캐딜락의 탄탄한 기술력은 캐딜락이 의도한 우아하고 세련된 디자인의 실현을 가능하게 만들었고, 이러한 캐딜락만의 스타일과 가치는 20세기를 지나 21세기에 보다 과감하게 진화했다.

새로운 역사를 창조한 크라이슬러와 Jeep, 그리고 닷지

크라이슬러

크라이슬러(Chrysler)
는 자신을 평생 '평범하
고 호기심이 많으며 기술
적인 사고를 하는 사람'으
로 여긴 월터 P. 크라이슬
러(Walter P. Chrysler)에 의해

월터 P. 크라이슬러

설립됐다. 월터 P. 크라이슬러는 제너럴 모터스에서 뷰익의 사
장 겸 관리담당 임원, 뷰익의 대표이사 겸 GM 최초의 부사장
을 거쳤으며, 이후 5,000만 달러의 빚을 지고 위기에 처해 있던
윌리스-오버랜드(Willys-Overland) 사의 재건을 맡아 2년 만에 회
사의 빚을 1,800만 달러로 줄이는 데 성공하기도 했다. 또 크
라이슬러는 경영난을 겪고 있던 디트로이트의 맥스웰 모터 코
퍼레이션(Maxwell Motor Corporation)의 경영을 맡아 주주들의 동
의를 얻은 후 파산 신고를 하고 회사를 경매에 붙여 본인이 직
접 회사를 인수했다.

1922년 크라이
슬러는 '완전히 새
로운 자동차'를 만
들겠다는 계획을
차츰 실현시켜 나

크라이슬러의 엠블럼

크라이슬러 300 SRT8 (2012)

갔다. 그는 1924
년 뉴욕 모터쇼에
서 최초의 크라이
슬러 차량을 선보
이기에 이르렀다.
이는 1933년 GM
에 이어 미국에서

두 번째로 큰 자동차 회사로 성장하는 크라이슬러 코퍼레이션
(Chrysler Corporation)의 초석이 되었다. 1925년 6월 6일, 맥스웰
모터 코퍼레이션은 마침내 '크라이슬러 코퍼레이션'으로 재탄
생했다. 지금은 1998년 다임러-벤츠와의 합병으로 다임러크라
이슬러가 되었지만, 창업자 크라이슬러의 흔적은 '크라이슬러'
라는 브랜드로 남아 있다. 오늘날 크라이슬러는 세단에서 컨버
터블, SUV, 크로스오버 등 다양한 차종들을 생산하고 있으며,
특히 '미니밴'이라는 세그먼트(segment)를 창시하는 등 니치마켓
(niche market, 틈새시장) 공략에도 힘쓰고 있다.

지프

'4륜구동' 하면 대부분 군용지프를 연상하게 된다. 4륜구동
차량이 그 진가를 발휘하게 된 것은 제2차 세계대전 당시 사용
한 군용지프에서부터다. 전쟁이 끝난 후 지프에 대한 인기가 높
아지자 군용지프를 민간용으로 개조해 생산하기 시작했으며,
이후 4WD(four wheel drive) 차량을 통틀어 '지프(jeep)'라는 용어

지프의 엠블럼

로 통칭할 만큼 일반인에게 지프는 4륜구동 차량의 대명사가 되었다.

제2차 세계대전 초 독일은 월등한 기동력으로 미국과 연합군을 당황하게 만들었고, 이에 충격을 받은 미국방성은 독일의 월등한 기동력이 4바퀴 구동차량에서 비롯된 것임을 알게 되었다. 미국방성은 곧 이러한 차량의 개발을 입찰에 붙여 정식 사양을 공개했고, 아메리카 밴텀(Bantam), 포드(Ford) 그리고 윌리스 오버랜드(Willys-Overland) 등 세 개의 회사가 치열한 경합을 벌였다. 그 결과 윌리스 오버랜드 사가 미국방성과 정식 양산 계획을 맺고, 최초의 지프 모델인 'Willys MB'를 양산하기 시작했다.

이때 만들어진 소형 지프(Jeep)는 튼튼한 차체와 기민한 기동력으로 유럽 전선에서 연합군의 승리를 결정짓는 중요한 역할을 했으며 가장 이상적인 4륜구동 차량임을 입증했다. 특히 지프는 산악전 및 기습작전에서 기대 이상의 성능을 발휘해 연합군의 사랑을 독차지했다. 제2차

Willys MB 모델

민수용 지프 CJ-2A

세계대전이 끝나고 탁월한 성능을 인정받은 지프는 더 폭넓은 소비자들로부터 사랑을 받기 시작했다. 지프는 승용 또는 레저용, 농·축산업용으로 용도를 넓혀갔고, 이어 윌리스 오버랜드사는 1945년부터 군용보다 좀 더 맵시 있게 외관을 다듬은 민수용 지프 CJ-2A를 생산함으로써 CJ(Civilian Jeep)시리즈를 시작했다. 1953년 윌리스 오버랜드사는 카이저사(Kaiser Corporation)에 인수되었고, 1970년 다시 AMC(American Motor Company)로 통합되었다.

현재의 지프는 다임러크라이슬러 산하의 브랜드 명칭이 되었으며 CJ시리즈의 모델 이름은 '지프 랭글러(Jeep Wrangler)'로 바뀌었다. 그 이후 지프는 4WD의 대명사인 지프 랭글러, 지프 체로키(Jeep Cherokee), 지프 그랜드 체로키(Jeep Grand Cherokee) 그리고 지프 커맨더(Jeep Commander)로 그 명성을 이어가

Jeep Wrangler Moab 모델 (2013)

고 있다. '지프'라는 이름이 언제부터 어떻게 쓰이게 되었는지에 대해서는 의견이 분분하지만, 당시 인기 만화 주인공이었던 '뽀빠이'의 캐릭터에서 따왔다는 주장과 포드사의 차량명이었던 'G.P.(General Purpose)'에서 유래되었다는 두 가지 설이 있다.

닷지

닷지(Dodge)는 누구보다 대담성과 파워를 추구하는 브랜드다. 숫양의 머리 모양을 형상화한 빨간색 엠블럼으로 대표되는 닷지는 미국인들이 가장 선호하는 브랜드 중 하나이기도 하다.

1913년 존 닷지(John Francis Dodge)와 호레이스 닷지(Horace Elgin Dodge) 형제에 의해 처음 만들어진 이후, 닷지는 여러 면에서 평범함을 거부하고 시대의 유행을 앞서가는 차였다. 1914년 가을에 등장한 닷지 1호차는 당시 큰 인기를 끌고 있던 포드 T형보다 한 수 위였다. 전기 헤드라이트를 달고 승차감이 좋은 스프링을 장착했을 뿐 아니라 포드 T형이 검은색 한 종류인데

닷지의 엠블럼

비해 여러 가지 컬러로 출시되어 소비자들의 취향을 만족시켰다. 또 호화로운 실내와 부드러운 승차감, 세계 최초로 차체를 스틸로 제작해 튼튼한 품질을 자랑했다. 여기에 도난방지를 위한 도어 잠금장치와 차량 후미의 스톱 램프(정지등)도 닷

미국 머슬카의 상징인 닷지 바이퍼

지가 처음 장착한 것이었다. 이어 닷지는 세계 최초로 자동차 성능시험장을 만들어 생산된 차마다 각종 주행 및 성능시험을 마친 후 시판해 더욱 큰 인기를 끌었다.

1920년 닷지는 포드 다음가는 자동차 회사가 됐지만, 닷지 형제가 세상을 떠난 후 크라이슬러 그룹의 주요 브랜드로 그 명성을 이어가고 있다. 현재 닷지는 정열적이고 스포티한 승용차 모델, 픽업 트럭 등을 주종으로 생산하고 있으며 네온(Neon), 스트라투스(Stratus), 어벤저(Avenger), 인트레피드(Intrepid), 바이퍼(Viper) 등의 승용차와 캐러밴(Caravan), 다코타(Dakota), 듀랑고(Durango), 램(Ram) 등의 밴과 경트럭 등이 오늘날 닷지를 대표하는 차량이다. 특히 미국 머슬카의 상징으로 미국인들의 취향을 가장 잘 반영한 스포츠카 바이퍼는 전 세계 자동차 마니아들의 이상이기도 하다.

자동차의 대중화 시대를 연 포드

초기의 자동차는 부유층의 전유물이었다. 수제품으로 제작되다 보니 값도 비싸고 유지비용도 만만치 않았다. 따라서 서민

헨리 포드

들에겐 사치품이나 다름없었다. 그런데 100여 년 전 이런 고가의 자동차를 대중들에게 안긴 이가 있었으니, 바로 자동차 대중화의 초석을 쌓은 '자동차왕' 헨리 포드(Henry Ford)다. 포드가 젊은 나이에 자동차를 바라보며 가진 꿈은 '부자들의 전유물인 자동차를 서민들의 생필품으로 바꾸겠다'는 것이었다. 그의 바람은 이루어졌으며 오늘의 역사는 부침을 거듭한 끝에 최초로 값싸고 튼튼한 차를 대량생산한 인물로 포드를 기록하고 있다.

포드 자동차 회사의 창설자인 헨리 포드는 어렸을 때부터 자동차와 인연이 깊었다. 그가 어렸을 적 어머니가 위독해지자 말을 타고 이웃 도시로 의사를 데리러 갔다. 하지만 그가 의사와 함께 돌아왔을 때 어머니는 이미 운명을 달리했고, 슬픔에 젖은 그는 '말보다 더 빠른 것을 만들겠다'고 다짐했다. 이런 연유 때문인지 그는 어렸을 때부터 자동차에 남다른 관심을 보였다. 고장 난 시계를 만지작거리던 어린 소년 포드는 어느 날 우연히 증기자동차를 처음 목격하게 되는데, 본격적으로 자동차에 눈을 뜨기 시작한 게 바로 이때였다. 이후 그는 에디슨의 전기회사에 들어가 일하기도 했지만 그의 관심사는 내내 자동차에 있었다. 그는 직접 가솔린 차량을 제작했으며 자신이 만든

헨리 포드와 '모델 T'

자동차에서 문제가 발견되자 도끼로 자동차를 부순 일화도 남겼다.

헨리 포드가 처음 자기 이름으로 자동차 회사를 차린 것은 1903년이다. 그는 자본금 10만 달러와 노동자 12명으로 포드 사를 설립했다. 지인들로부터 투자를 받아 미국 미시건 주 디어본(Dearborn)에 공장을 마련한 그는 5년 후인 1908년, 자동차 역사에 한 획을 긋는 '모델 T'를 세상에 내놓는다. '모델 T'는 1999년 '세기의 자동차'에 선정될 만큼 높은 평가를 받은 자동차였다. 이후 1913년 포드 사는 첫 대량 생산 시스템인 '컨베이어벨트 조립라인(conveyor-belt assembly lines)'을 개발·도입해 미국 최대의 자동차 회사로 우뚝 서게 된다.

미국인들이 헨리 포드를 국민적 영웅으로 떠받드는 데는 몇 가지 이유가 있다. 자동차 대중화의 실현 그리고 중산층의 확대, 부의 재분배 등이 그것이다. 포드의 성공과 자동차 대중화 모두에 혁혁한 공을 세운 포드 '모델 T'는 1903년 제작에 들어가 1908년 미시건 주 디트로이트에 위치한 피켓 공장(Piquette Plant)에서 본격적인 생산·판매에 들어갔다. '모델 T'는 배기량 2,900cc 4기통 엔진을 달고 22마력의 출력을 냈으며 시속 60km/h로 달렸는데, 첫 판매 시작 후 1927년까지 약 18~19

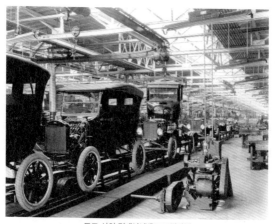
포드 사의 컨베이어벨트 조립라인

년 사이에 1,500만 대 이상을 판매했다. 이는 도요타의 코롤라 (Corolla), 폭스바겐 비틀과 함께 '세계 3대 베스트셀러 자동차'로 기록되었다.

포드가 세상에 처음 내놓은 '모델 T'의 천문학적인 판매가 가능했던 이유는 당시로서는 획기적이었던 가격경쟁력 덕분이 다. 보통 차 구입가가 대당 2,000달러를 넘어서던 시절, 서민들 에게 자동차는 그림의 떡이었다. 그런데 '모델 T'는 평균 자동 차 구입가의 3분의 1 수준에 불과한 850달러였다. 따라서 당 시 중산층에 강하게 어필할 수 있었다. '컨베이어벨트'를 이용 한 조립공정 시스템의 도입도 가격경쟁력을 높이는 데 한몫을 했다. 포드는 1913년 말 '컨베이어벨트 조립라인'을 세계 최초 로 소개하면서 섀시 조립에 걸리는 시간을 기존 12시간 30분에서 2시간 40분으로 단축하는 믿지 못할 결과물을 내놓았다. 이로써 3분에 한 대씩 조립이 가능했고, 노동시간은 10분의 1 수준으로 단축됐다. 이렇게 원가절감으로 이어진 효과는 급기야 300달러 이하로 자동차를 판매 가능하게 만들었다. 조립공정의 자동화는 차량 공급의 급속화를 가져왔고, 이 흐름은 중산층의 확대로 이어져 결국 미국 경제가 세계를 주도하는 데 밑거름 역할을 하게 된다.

포드에서 또 하나 빼 놓을 수 없는 것이 있으니, 바로 미국인의 자존심으로 불리는 '머스탱(Mustang)'이다. 1964년 3월 9일 디어본 시에서 생산된 머스탱은 같은 해 뉴욕세계박람회에서 최초로 공개됐다. 생전 스포츠 경주대회를 무척이나 즐겼던 헨리 포드의 작고 이후 이런 명차가 개발됐다는 사실이 안타깝긴 하지만 머스탱의 흥행몰이는 실로 대단했다. 머스탱은 주행성과 실용성, 가격경쟁력 등에서 호평을 받으며 출시 첫해 40만 대 이상의 판매고를 올렸다. 이후 수많은 자동차 회사들이 이를 벤치마킹했으며 1999년 '세기의 자동차'에 선정되는

포드 Mustang 302 (2013)

등 머스탱은 자동차 역사에 기념비적인 차로 기록되었다. 높은 인기를 반증하듯 머스탱 시리즈는 영화에도 단골로 등장했

포드 사의 엠블럼

다. 자동차 추격전의 대명사 〈블리트(Bullitt, 1968)〉와 영화 007 시리즈 〈골드 핑거(Gold Figer, 1964)〉, 우리나라에 소개된 미국 드라마 〈전격 Z작전〉 등이 그 대표적인 예다. 이후 진화를 거듭한 머스탱은 오늘날까지 남성들의 질주본능을 자극하면서 여전히 큰 사랑을 받고 있다.

한편 포드는 1989년 영국의 애스턴 마틴, 재규어, 다임러(메르세데스 벤츠의 모기업인 다임러 AG가 아닌 재규어 자동차의 사업부) 그리고 랜드로버를 사들였으며 스웨덴의 볼보자동차도 인수했다. 또 일본 마쓰다의 지분 33.4%를 확보해 포드 산하의 회사로 만들었다. 그리고 마쓰다와 미국 미시건 주 플랫 록(Flat Rock)에 '오토 얼라이언스 인터내셔널(Auto Alliance International)'이라는 조인트 벤처 공장을 설립한다. 오토 얼라이언스 인터내셔널의 부품 사업부는 이후 비스티온(Visteon)으로 분사(分社)한 바 있다.

포드는 애스턴 마틴, 볼보, 재규어, 랜드로버를 묶어 'PAG(Premier Automotive Group)'라는 고급 자동차 브랜드 그룹으로 묶었으나 사정이 악화되어 2007년 프로드라이브(Prodrive)에게 애스턴 마틴을, 2008년에 인도 타타 그룹(Tata Group)에게 랜드로버와 재규어를 매각하였고, 2010년 8월 볼보를 중국 지리(吉利)자동차에 매각하였다. 따라서 인수를 통한 고급 브랜드

그룹 계획은 4사를 모두 매각해 실패로 마무리되었다. 마쓰다의 지분 또한 현금 확보를 위해 주식을 매각, 현재 약 13.4%의 지분만 보유하고 있다. 2010년 말에는 판매 부진을 이유로 머큐리 브랜드를 폐기해 포드 본 브랜드와 고급 브랜드인 링컨만 남아 있다.

소년 사키치의 효심으로 시작된 도요타

세계에서 가장 빠르게 성장한 일본의 도요타(Toyota)는 가난한 소년의 효심에서 시작됐다. 1867년 일본 시즈오카현(靜岡縣)의 가난한 목수 집안에서 도요타 사키치(豊田佐吉)가 태어났다. 목수인 아버지를 따라 집안의 장남으로서 가업을 이어야 했기 때문에 사키치의 길은 이미 정해져 있었다. 그러나 사키치는 마음속에서 다른 길을 걷고자 했다. 비록 정규교육도 제대로 받지 못하고 훈련도 받지 못했지만, 당시 산업혁명으로 인한 근대화의 영향으로 시골 소년 사키치는 발명가가 되겠다는 큰 꿈을 꾸게 된다.

소년 사키치가 눈을 뜬 분야는 바로 베틀. 어머니가 밤늦게까지 베틀을 돌리며 고생하던 모습을 보고 자란 사키치는 반드시 보다 쓰기 편한 직기를 만들어 고품질의 직물로 생활을 윤택하게 해야겠다는 결심을 하게 된다. 당시의 직물은 사람의 손으로 직접 짠 거친 베였다. 가업을 잇기 원했던 그의 아버지의 반대에도 불구하고 사키치는 밤낮으로 직접 설계도를 그려

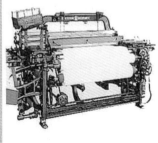

도요타 사키치와 그가 제작한 자동직기

시행착오를 거듭한 끝에 1894년 지금까지 두 손을 사용해야 했던 베틀을 한 손으로만 작동할 수 있게 만들었다. 그의 첫 발명품인 '도요타식 목제인력직기'였다. 이는 기존 베틀에 비해 50% 정도 빨리 직물을 만들 수 있는 베틀이었다. 하지만 사키치는 여기에 그치지 않았다. 사키치는 기존 제품의 개선에 다시 개선을 거듭했다. 불편한 점이 발견되면 끊임없이 연구해 새로운 제품을 만들어냈다. 1894년부터 1914년까지 그가 개발한 대표 직기는 총 여섯 개에 달한다. 이러한 끊임없는 개선정신이 오늘날 도요타자동차의 경영정신 'Toyota Way'를 이루었고, 그 양대 축의 하나인 '끊임없는 개선'의 모태가 되었다. 또 이러한 개선은 궁극적으로 '사람을 편하게 해주겠다(Respect to People)'로 이어져 도요타의 경영철학을 완성하게 된다.

1924년 사키치는 그의 일생일대 대작인 'G형 자동직기'의 개발에 성공했다. 'G형 자동직기'는 당시 전 세계를 통틀어 최고의 품질을 자랑하는 자동직기로 평가받는다. 당시 동경대학교에서 기계공학을 전공한 그의 아들 도요타 기이치로(喜一郎)는 대학 졸업 후 엔지니어로서 아버지의 자동직기 개발에 주도적인 역할을 하게 되며 자동직기 개발 및 생산과정에서의 노하우를 토대로 훗날 도요타자동차를 설립하게 된다. 'G형 자동직기'의 품질이 어느 정도였나 하는 예로 직기의 실이 끊기면 작업자의 안전을 위해 자동으로 직기가 멈추는 기능까지 갖고 있었다. 이는 실제 향후 도요타자동차 생산라인의 '라인스톱(불량이 발생하면 누구든지 라인을 스톱할 수 있는 장치)'의 기원이 되기도 했다. 'G형 자동직기'의 성공으로 사키치는 1926년 '도요타 자동직기제작소'를 설립한다. 하지만 일생의 대작을 완성하고 얼마 안 되어 1930년 도요타 사키치는 타계한다. 평생 끊임없는 발명의 삶을 살았던 사키치는 타계하기 몇 년 전 미국과 유럽 방문을 통해 앞으로 자동차가 새로운 산업의 축으로 부상할 것임을 예상한다.

GM과 포드 등 미국 업체들이 세계 자동차 산업을 좌지우지할 당시 사키치는 반드시 자신들의 손으로 국산승용차를 만들어보겠다는 새로운 신념을 갖게 된다. 하지만 그러기에 그는 너무 늙고 쇠약했다. 그는 그가 일궈놓은 'G형 자동직기'의 특허권을 영국 회사인 플랫 브라더스(Platt Brothers)에 매각해 당시로서는 거금인 100만 엔을 손에 넣게 된다. 사키치는 당시 동경대에서 기계공학을 전공하고 아버지의 회사에서 새로운 직기

도요타자동차의 창업자
도요타 기이치로

개발에 열중이던 장남 기이치로를 불렀다. 그러고는 "이 돈을 네가 모두 가질 수 있다. 단 조건이 있다. 이 돈을 반드시 자동차 연구에만 사용해라. 반드시 우리 손으로 국산 승용차를 만들어야 한다."는 유훈을 남겼다.

아들 기이치로는 막막했다. '어떻게 우리가 GM이나 포드 같은 거대 회사를 따라잡을 수 있을 것인가? 시도하는 것 자체가 바보 같은 짓이다.' 그래서 기이치로는 미국 출장에 올랐다. 그는 미국 자동차 회사의 조립라인과 부품라인을 둘러보고 돌아와 도요타 자동직기제작소에 '자동차사업부'를 만들었다. 그리고 십여 명의 직원과 함께 끊임없이 엔진을 분해하고 기술을 익혔다. 그러나 그들은 아직도 엔진에 대한 이해가 부족했다. 기이치로는 다시 한 번 미국 출장 당시 본 것들을 되새겨보고 두 가지를 깨닫게 된다.

하나는 그들이 매우 정확한 규격의 부품을 만들어야 한다는 것이었다. 그래서 고품질의 엔진을 만들기 위해 필요한 자재와 도구를 사용했다. 둘째는 조립라인과 같이 대량생산을 위한 방법이 필요함을 깨달았다. 여기에는 직기를 생산하던 컨베이어 시스템을 응용했다. 그의 아버지와 마찬가지로 기이치로는 끊임없는 개선과 불굴의 의지로 마침내 1934년 최초로 도요타

도요타자동차의 첫 모델 'A1'

프로토타입 엔진 개발에 성공한다. 결국 1935년 5월 도요타의 첫 프로토타입 승용차인 모델 'A1'이 탄생하게 되고 1936년 마침내 국산승용차의 판매를 시작한다.

본격적으로 차를 판매하면서 그들은 브랜드의 이름을 보다 쓰기 쉽고 현대적인 '도요타'로 바꾸었다. 그리고 'A1'의 개량형인 'AA'부터 '도요타'라는 브랜드를 사용하게 된다. 이어 1937년 기이치로는 보다 효율적으로 고객의 요구에 대응하기 위해 변화를 감행, 도요타 자동직기제작소에서 분사해 아이치현(愛知県) 고모로(오늘날 도요타 시)에 대규모 생산라인을 건설하고 도요타자동차주식회사를 설립했다. 공장 건설 이후 기이치로는 생산시스템을 보다 효율적으로 만들어야 한다고 생각했다. 그러기 위해서는 원가가 낮아야 한다는 사실을 알았다. 고모로 라인에 증설되는 라인에는 전혀 낭비가 없었다. 그는 어떻게 부품을 이동시키는지, 한 작업에 얼마나 많은 인원의 사람이 필요한지를 지속적으로 연구하고 라인에 반영했다. 그 결과 시장 수요에 맞게 생산규모를 계속 확대할 수 있었다. 도요타 생산방식의 근간을 이루는 '저스트 인타임(Just-in-time)'의 시초가 바로 여기서 나왔다.

하지만 태평양전쟁을 겪는 일본의 역사 속에서 도요타자동

도요타의 첫 소형차 모델 'SA'

차 또한 위기를 맞게 된다. 패전 뒤 심각한 디플레이션으로 회사가 어려워지자 기이치로는 노조와 '인원감축은 절대 않겠다'는 각서까지 썼다. 도요타 기이치로는 "사람을 해고하지 않는 것이 경영자의 도리다."라고 입버릇처럼 말해왔다. '회사는 경영자의 소유가 아닌 임직원 모두의 소유다'라는 도요타의 경영철학은 지금도 이어지고 있다.

1947년 도요타는 첫 소형차 모델인 'SA'를 선보였으나 회사 상황은 더욱 악화돼 1949년에는 도산 지경에 몰렸다. 간신히 얻은 은행의 협조융자 조건에는 대대적인 인원감축이 포함되어 있었다. 1950년 도요타는 유일한 파업을 맞는데 노사는 이를 계기로 상호신뢰와 존중의 원칙을 굳히고 이를 오늘날 성장의 가이드 역할을 하고 있는 기업철학으로 확립했다. 도요타의 생산 시스템은 1950년대 들어서 개선되기 시작하였고, 이후 도요타의 생산표준화인 '도요타 프로덕션 시스템(Toyota Production System)'으로 정착되기에 이른다.

도요타자동차의 엠블럼

도요타자동차는 1959년 첫 해외 생산기지인 브라질 공장을 시작으로 글로벌 생산기지의 네트워크를 지속적으로 확충해 나갔는데 이때부터 현지화의 필요성을 강조하게 된다. 이러한 철학은 현지 공급업체들과 장기적으로 상호 유익한 관계를 만들어 주었으며 현지에 고용된 직원들을 만족시킬 수 있도록 도와주었다. 1970년대에 이르러 도요타 프로덕션 시스템은 'TPS'라는 이름으로 알려지기 시작했는데, 이 시스템의 목표는 자원의 낭비를 없애는 것이었다. 이를 위한 대표적인 수단인 'JIT(Just-in-time) 시스템'은 협력업체와의 부품재고량을 거의 제로에 가깝게 유지해 필요할 때 필요한 부품을 가지고 제때 필요한 차를 만드는 것으로 도요타의 대표적인 경영방식이 된다. 또 끊임없는 개선을 통한 발전을 의미하는 '가이젠(改善, 개선)'과 '도요타 웨이(Toyota Way)' 또한 도요타 공장 및 협력업체들에게 재고와 결함을 줄여주는 결정적인 요인이 되었으며 이는 전 세계 도요타 사업을 떠받드는 근간을 이루고 있다.

　현재 도요타자동차는 최강의 경쟁력을 자랑하는 대표적인 자동차기업으로 성장하고 있다. 아울러 자동차를 통한 사회 번영과 행복을 추구하는 인간적인 기업의 모습으로 장애인을 위

도요타 Auris Hybrid (2013)

한 자동차, 환경을 위한 자동차 등 최초의 시도와 연구를 거듭하고 있다.

'독일을 잡아라'라는 특명으로 탄생한 렉서스

렉서스(Lexus)는 도요타의 기존 제품과 구분되는 전혀 새로운 브랜드로 출범해 참신한 제품과 새로운 컨셉트로 세계 자동차 시장에 큰 파장을 일으켰다. 미국에서는 프리미엄 럭셔리 세단인 'LS400'을 선두로 경제적인 럭셔리 세단인 'ES'와 고성능 스포츠 세단이 제품 라인업에 추가되고, '운전자에게 참된 기쁨을 선사한다'는 새로운 마케팅 개념을 선보이면서 더욱 확고한 입지를 굳혔다.

렉서스는 끊임없이 변화를 추구하고 신차 개발을 위한 노력을 게을리하지 않으면서도 품질향상과 고객만족을 위해 렉서스만의 기본정신을 잃지 않는 정직한 고급차 브랜드로 자리매김해왔다. 렉서스

렉서스 LS 460 (2013)

는 특히 미국과 중동, 유럽 등의 세계 시장에서 '세계 최고와 어깨를 겨루는 품격 있는 차를 창조한다'는 이념과 꿈을 실현시

키며 10년 남짓의 짧은 역사에도 불구하고 수많은 상과 유례없는 찬사를 받고 있다.

렉서스는 '완벽을 향한 끊임없는 추구'라는 슬로건을 앞세워 최고급 럭셔리 세단의 대명사를 목표로 한다. '도서관보다 조용하다'고 할 만큼 정숙성에 있어 세계 최고 수준인 렉서스는 세계자동차 역사의 거대한 산맥인 도요타자동차에 그 뿌리를 두고 도요타의 완벽주의 기술철학과 장인정신의 전통을 계승하고 있다. 렉서스는 품질(Quality)과 안락(Comfort), 품격(Luxury), 첨단기술(Intelligent Technology), 가치(Value)를 추구하며 '운전의 즐거움, 최고의 품질, 독창적이고 탁월한 제품'이라는 기치 아래 차원 높은 서비스를 통해 이미지를 형성해 왔다.

렉서스는 1983년 8월 도요타 최고 간부급 회의에서 세계 제일의 차량을 만들기로 결정한 이래 수많은 연구와 개발을 마치고 1989년 9월 자동차 판매를 시작했다. '렉서스'라는 브랜드명은 '렉스(Lex)'와 '럭셔리(Luxury)'의 합성어인데, 여기서 '렉스'는 라틴어가 어원이며 '법'이라는 뜻으로 '기준, 스탠다드'를 의미한다. 즉, 렉서스는 '럭셔리의 기준'이란 의미를 담고 있다.

렉서스의 엠블럼

일본 최초의 대량생산 기초를 다진 닛산

닛산의 엠블럼

닛산(Nissan)자동차는 1933년 설립된 이래 일본뿐만 아니라 미국, 유럽 등의 전 세계 시장에서 닛산 고유의 디자인과 수준 높은 품질로 세계 소비자들의 신뢰와 믿음을 받고 있다.

'일본산업(日本産業)'을 줄인 닛산(日産)은 1914년 도쿄에 세워진 가이신 자동차 공장으로부터 출발한다. 우리나라의 시발과 같은 일본의 제1호 국산차 'DAT'는 당시 공동 창업자인 덴 겐지로(田健次郎), 아오야마 로쿠로(青山禄朗), 다케우치 메이타로(竹内明太郎)의 이름 가운데 앞의 글자를 모두 넣어 만든 모델명으로 한동안 'DAT 자동차'로 불리기도 했다. 초기에는 군용트럭을 만들다가 1931년 소형차 '닷선'을 선보였고, 같은 해 닛산그룹이 DAT 자동차를 인수해 자회사인 '닛산자동차'가 출범하게 된다.

닛산은 1935년 일본 자동차 회사 최초로 자동차 대량생산(Type 15)을 성공시키며 두각을 나타내기 시작했다. 제2차 세계대전 이후 지속적인 성장세를 보이며 성능과 품질, 안전, 혁신을 통해 이름을 널리 알리기 시작했다. 특히 전쟁으로 인한 기술 공백을 회복하는 기간 동안 닛산은 기술력에서 시장을 선

닛산멕시코 공장의 전경

도하기 위해 총력을 기울였다. 닛산은 이 기간 동안 꾸준히 성장하며 튼튼한 조직을 구성하고, 후에 닛산이 세계시장에서 큰 성장을 할 수 있는 토대를 마련했다. 1960년대에는 '닷선(Datsun)'이라는 브랜드로 미국에서 판매를 시작했으며 대만에 조립 공장 '위룽자동차(Yulon Motor Co.)'와 멕시코에 '닛산멕시코'를 설립하는 등 해외시장 공략에 나섰다. 1980년대에는 미국과 영국에 두 개의 해외생산기지를 세웠다.

한때 일본의 선두 자동차 기업으로 맹위를 떨친 닛산은 1970년대 세계 최대 자동차 수출업체로 명성을 날렸지만 1973년 석유파동 이후 연속되는 적자로 극심한 재정위기에 처하고 만다. 결국 닛산은 1999년 프랑스 르노와 전략적 협력관계를 맺게 되고, 그해 최고운영책임자(COO)로 임명된 카를로스 곤(Carlos Ghosn)이 '닛산회생계획(NRP)'을 통해 구조조정을 단행

닛산 닷선 Blue bird 411 (1965)

함으로써 부활에 성공했다.

닛산의 프리미엄 브랜드 '인피니티'

닛산은 시작부터 '운전자의 가치 있는 경험이 차보다 더 중요하다'는 럭셔리 자동차의 새로운 개념 정립을 목표로 삼았다. 닛산의 글로벌 럭셔리 브랜드 '인피니티(Infiniti)'는 '고성능 럭셔리 자동차'라는 새로운 시장 공략을 목표로 지난 1989년 북미 지역에 처음 진출했다. 시판을 시작한 것은 1989년 11월 8일이지만 인피니티 브랜드 탄생의 배경은 새로운 고성능 럭셔리 브랜드를 만들고자 1985년 설립된 닛산 내부의 비밀 부서, '호라이즌 태스크 포스(Horizon Task Force)'에서 시작한다.

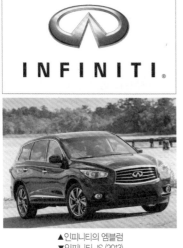

▲인피니티의 엠블럼
▼인피니티 JS (2013)

당시 미국과 유럽의 럭셔리 브랜드들이 이미 미국 시장을 점령하고 있는 상황에서 뒤늦게 시장에 뛰어든 닛산은 높은 투자비와 큰 위험 요소를 감수해야 했다. 이를 해결하기 위해 닛산은 대중적인 브랜드에서 나아가 차별화되는 아이덴티티(Identity)를 갖춘 럭셔리 브랜드를 만들기 위해 고민을 시작했다. 이를 위해 '백지 한 장'에서 시작한 호라이즌 태스크 포스 팀은 차를 제품으로 바라보는 시각에서 나아가 구매와 소유의 전 과정을 통해 고찰하는, 보다 넓은 관점에서 접근을 시작했다. 그 결과 운전자의 가치 있는 경험을 강조한 새로운 고성능 럭셔리 브랜드 '인피니티'가 탄생했다.

모터사이클로 신화를 만든 혼다

혼다(Honda)는 창업자인 혼다 소이치로(本田宗一郎)의 이름을 그대로 사용한 브랜드다. 혼다 소이치로는 '실패를 두려워하지 않는 불굴의 도전 정신'으로 유명하다. 아이디어가 떠오르면 잠을 자지 못할 정도로 열정적이었던 혼다 소이치로는 모터사이클로 '월드그랑프리 시리즈'에서 우승을 거머쥐는가 하면 자동차 생산 2년 만에 F1 우승을 하며 브랜드의 명성을 이어갔다. 이와 같이 끝없는 도전으로 현재까지도 혼다만의 독창성과 기술력을 강력한 무기로 삼고 있다.

혼다의 경영철학은 이른바 '혼다이즘(Hondaism)'으로 정의되어 지금까지 경영학뿐만 아니라 이공계, 제조업계의 신화로 여겨지고 있다. 혼다는 고집스러우리만치 독자기술 개발을 고집, 자신들의 기술로 모터사이클 분야에서 착실히 성장했다. 이렇게 축적된 기술은 자연스럽게 자동차에 접목되었으며 이로 인해 짧은 기간에 괄목할 만한 성장을 이룬 것으로 평가받고 있

직원들과 함께
조립라인에 선 혼다 소이치로

다. 오늘날에도 혼다는 하이브리드 자동차, 태양광 자동차 등 새로운 분야에 진출할 때 나름의 독자기술을 이용하고 있다.

혼다 브랜드는 제2차 세계대전이 끝난 후 혼다 소이치로가 혼다기술연구소를 모체로 1948년 혼다기연공업(本田技硏工業)을 설립, 모터사이클을 만들기 시작하면서 세상에 나오게 되었다. 외국기술과 합작으로 자동차나 모터사이클을 개발하던 다른 브랜드와 달리 독자기술만을 고집했던 혼다는 모터사이클에서 시작해 차근차근 기술적인 노하우를 쌓아갔다. 1958년 흰 연료탱크에 빨간 엔진을 얹은 '커브(Cub)'가 폭발적인 인기를 얻었고, '드림(Deam)' '벤리(Benly)' 등이 연달아 히트했다. 이후 유럽 방문길에 들른 영국에서 처음으로 모터사이클 레이스를 접하게 된 소이치로는 모터스포츠 영역에 새로운 도전을 시작한다. 어릴 때부터 모터스포츠에 대한 꿈을 가지고 있던 소이치로는 뛰어난 엔진 디자인과 고성능 제품에 대해 끊임없이 연구하게 되었다.

혼다는 1959년 일본 팀으로는 처음 월드그랑프리 시리즈에 참가해 125cc 경량급 경기에서 6, 7, 8위를 기록했고, 2년 뒤인

혼다의 모터사이클을 탄 마이크 헤일우드

1961년에는 세 번째 도전 만에 전설적인 선수 마이크 헤일우드(Mike Hailwood)의 도움으로 125cc와 250cc 클래스에서 우승을 차지했다. 그리고 1966년 500cc 그랑프리에서 다시 한 번 우승 트로피를 들어 올리게 된다. 월드그랑프리 시리즈 우승으로 혼다는 유럽 시장에서 높은 인기를 모으며 빠르게 성장했다. 같은 시기에 모터스포츠 분야뿐만 아니라 상용 모터사이클 분야에서도 혼다의 브랜드 인지도는 점차 증가한다.

1958년 혼다는 모터사이클 경주에서 축적된 기술을 바탕으로 '슈퍼커브(Super Cub)'라는 50cc 경이륜차를 개발했다. 슈퍼커브는 3단 자동변속, 자동 스타터, 안전하고 친근감을 주는 외양이 특징이며, 특히 작은 배기량으로 높은 마력을 내는 엔진을 개발함으로써 100cc급 모터사이클보다 50% 정도의 원가절감 효과를 가져왔다. 1959년 말에는 이 제품에 대한 수요가 급증해 혼다 모터사이클 전체 생산량의

혼다의 엠블럼

폭발적인 인기를 얻은
혼다의 Super Cub C100 (1958)

60% 가량을 차지할 정도였다. 또 혼다는 슈퍼커브의 성공을 발판 삼아 기존 유통망의 쇄신을 도모했다. 즉 대리점들에게 이 제품을 소형 모터사이클의 장점을 극대화해 대형 모터사이클보다 위험성이 적은 자전거로 인식시키려 하였으며 자전거 점포와 같은 소매점에서 직접 판매도 시작했다. 이러한 노력의 결과로 1960년에는 40%를 상회하는 시장점유율을 기록함으로써 일본 모터사이클 시장을 석권했다.

1959년 혼다 모터사이클은 미국 시장에도 진출하게 된다. 당시 미국 내 모터사이클의 이미지는 대형 모델로 인해 불량스럽고 반항적인 이미지가 강했다. 하지만 혼다는 그와 반대로 실생활에 적합한 작고 가벼운 모터사이클을 중심으로 소형 모터사이클의 다양한 색상과 모델을 내세웠다. 또 단정한 용모의 젊은 모델을 기용하고 '상냥한 사람들은 혼다를 탑니다'라는 메시지의 광고를 적극 활용했다. 저렴한 가격에 주차까지 용이한 교통수단임을 강조해 모터사이클에 대한 인식변화에 힘쓴 것이다. 그 결과 1960년대 중반 혼다는 미국 소형 모터사이클 시장의 2/3가량을 석권하게 되었다. 모터사이클 부문에서 큰 성

1959년 미국 로스엔젤레스의 혼다 모터사이클 점포

공을 거둔 혼다는 다른 브랜드에 비해 늦은 1960년대에 처음 자동차 산업에서 뛰어든다. 끊임없는 노력 끝에 자동차 산업에까지 진출한 혼다는 '혼다의 전설'로 남은 스포츠카 'S500'과 'S360'을 탄생시켰으며 독자적인 기술을 바탕으로 자동차 만들기에 도전, 20년 만에 세계적인 자동차 회사로 성장했다.

'기술의 혼다'라는 칭호는 창업 이래 지속되어 온 혼다의 연구개발에 대한 열정의 결실이다. 1970년대에는 전 세계가 제1차 오일쇼크로 석유를 사용하는 제품의 연비향상에 집중했다. 특히 미국에서는 '머스키법(Muskie Act)'의 발효로 배기가스 배출을 엄격히 규제하고 있었는데, 1972년 혼다가 '저공해 CVCC 엔진'을 개발하며 세계 최초로 이 법을 통과하는 자동차를 출시했다. 그 모델이 바로 '시빅(Civic)'이다. 시빅은 혼다의 기술에

천연가스를 이용하는
혼다 Civic Natural Gas (2013)

대한 역사적인 가치를 빛내주었다. 이후 CVCC 엔진은 혼다의 월드베스트 셀링 세단 '어코드(Accord)' 1세대 모델에도 장착되어 본격적인 혼다 자동차 대중화에 기여했다.

옹고집으로 만든 스바루

일본의 거대기업 후지중공업(富士重工業)의 자회사인 스바루(Subaru)는 평소 "차를 만들려면 제대로 만들어야 한다"고 말하며 자동차에 관해 확고한 신념을 갖고 있던 겐지 기타(Kenji Kita) 후지중공업 초대회장에 의해 설립됐다. 1954년 항공우주 기술력을 바탕으로 최초의 프로토타입 승용차인 'P-1'이 탄생하자 황소자리에 여섯 개 별이 모인 '플레이아데스(pleiades) 성단'의 이름을 따 '스바루'라고 명명했다. '스바루(スバル)'는 '지배하다, 모이다'라는 뜻을 지닌 단어로, 예로부터 많은 사람들의 사랑을 받아 『고사기(古事記)』, 『만엽

스바루의 엠블럼

스바루 P-1(1954)

집(萬葉集)』과 같은 고대문학에 자주 등장하는 별자리 이름 중 하나다. 특히 '스바루'라는 이름은 모기업인 후지중공업이 원래 여섯 개였던 회사를 합병해 설립한 까닭에 그 의미가 더욱 깊다고 할 수 있다. 스바루의 엠블럼은 푸른 하늘을 바탕으로 황소자리의 여섯 개 별을 형상화한 것으로 지난 2003년 창립 50주년을 기념해 새롭게 리뉴얼됐다.

스바루는 특히 지난 반세기 동안 박서엔진(boxer engine)과 대칭형 AWD 시스템 등 독창적인 기술력을 고집하고 있다. 스바루의 대칭형 AWD(all-wheel drive) 시스템은 네 바퀴 모두에 토크(torque, 돌림힘)를 분배하는 풀타임 사륜구동 방식으로 박서 엔진의 힘을 네 바퀴에 골고루 전달해 각 바퀴의 구동력을 최대화할 수 있다. 또 구

스바루의 대칭형 AWD 시스템

스바루의 WRX STi 모델

조적으로 좌우 완벽한 대칭을 이루어 뛰어난 균형감과 탁월한 서스펜션(suspensiom, 충격흡수장치) 성능을 나타내는 것이 특징이다. 수평대향형 박서엔진의 또 다른 장점은 직렬엔진이나 V형 엔진에 비해 무게 중심이 낮다는 점이다. 무게 중심이 낮은 박서엔진과 일직선으로 배치된 변속기(transmission)는 스바루만의 강력한 파워와 안정적인 코너링, 즉각적인 응답성을 전달하는 심장부 역할을 한다. 이와 결합한 스바루의 대칭형 AWD 시스템은 프로펠러 샤프트(propeller shaft)를 중심으로 정확히 중간 지점에 파워트레인(구동장치)을 장착함으로써 완벽한 좌우대칭을 실현하며, 그로 인해 차량의 무게 중심이 낮아지고 좌우 중량밸런스가 향상되어 직선은 물론 곡선도로에서도 도로에 밀착된 듯 우수한 주행안정성을 발휘한다.

브랜드를 알면 자동차가 보인다

펴낸날	초판 1쇄 2013년 2월 5일
	초판 2쇄 2016년 5월 18일

지은이	김흥식
펴낸이	심만수
펴낸곳	㈜살림출판사
출판등록	1989년 11월 1일 제9-210호

주소	경기도 파주시 광인사길 30
전화	031-955-1350 팩스 031-624-1356
홈페이지	http://www.sallimbooks.com
이메일	book@sallimbooks.com

ISBN	978-89-522-2305-0 04080

122 모든 것을 고객중심으로 바꿔라 eBook

안상헌(국민연금관리공단 CS Leader)

고객중심의 서비스전략을 일상의 모든 부분에 적용해야 한다는 가르침을 주는 책. 나 이외의 모든 사람을 고객으로 보고 서비스가 살아야 우리도 산다는 평범한 진리의 힘을 느끼게 해 준다. 피뢰침의 원칙, 책임공감의 원칙, 감정통제의 원칙, 언어절제의 원칙, 역지사지의 원칙이 사람을 상대하는 5가지 기본 원칙으로 제시된다.

233 글로벌 매너

박한표(대전와인아카데미 원장)

매너는 에티켓과는 다르다. 에티켓이 인간관계를 원활하게 해주는 사회적 불문율로서의 규칙이라면, 매너는 일상생활 속에 에티켓을 적용하는 방식을 말한다. 삶을 잘 사는 방법인 매너의 의미를 설명하고, 글로벌 시대에 우리가 기본적으로 갖추어야 할 국제매너를 구체적으로 소개한 책. 삶의 예술이자 경쟁력인 매너의 핵심 내용을 소개한다.

350 스티브 잡스 eBook

김상훈(동아일보 기자)

스티브 잡스는 시기심과 자기과시, 성공에의 욕망으로 똘똘 뭉친 불완전한 사람이었다. 하지만 동시에 강철 같은 의지로 자신의 불완전함을 극복하고 사회에 가치 있는 일을 하고자 노력했던 위대한 정신의 소유자이기도 하다. 이 책은 스티브 잡스의 삶을 통해 불완전한 우리 자신에 내재된 위대한 본성을 찾아내고자 한다.

352 워렌 버핏 eBook

이민주(한국투자연구소 버핏연구소 소장)

'오마하의 현인'이라고 불리는 워렌 버핏. 그는 일찌감치 자신의 투자 기준을 마련한 후, 금융 일번지 월스트리트가 아닌 자신의 고향 오마하로 와서 본격적인 투자사업을 시작한다. 그의 성공은 성공하는 투자의 출발점은 결국 자기 자신이라는 점을 보여 준다. 워렌 버핏의 삶을 통해 세계 최고의 부자는 어떻게 만들어지는가를 살펴보자.

145 패션과 명품

이재진(패션 칼럼니스트)

패션 산업과 명품에 대한 이해를 돕는 책. 샤넬, 크리스찬 디올, 아르마니, 베르사체, 버버리, 휴고보스 등 브랜드의 탄생 배경과 명품으로 불리는 까닭을 알려 준다. 이 밖에도 이 책은 사람들이 명품을 찾는 심리는 무엇인지, 유명 브랜드들이 어떤 컨셉과 마케팅 전략을 취하는지 등을 살펴본다.

434 치즈 이야기

박승용(천안연암대 축산계열 교수)

우리 식문화 속에 다채롭게 자리 잡고 있는 치즈를 여러 각도에서 살펴본 작은 '치즈 사전'이다. 치즈를 고르고 먹는 데 필요한 아기자기한 상식에서부터 나라별 대표 치즈 소개, 치즈에 대한 오해와 진실, 와인에 어울리는 치즈 선별법까지, 치즈를 이해하는 데 필요한 지식과 정보가 골고루 녹아들었다.

435 면 이야기

김한송(요리사)

면(국수)은 세계 각국으로 퍼져 나가면서 제각기 다른 형태로 조리법이 바뀌고 각 지역 특유의 색깔이 결합하면서 독특한 문화 형태로 발전했다. 칼국수를 사랑한 대통령에서부터 파스타의 기하학까지, 크고 작은 에피소드에 귀 기울이는 동안 독자들은 면의 또 다른 매력을 발견할 수 있을 것이다.

436 막걸리 이야기

정은숙(기행작가)

우리 땅 곳곳의 유명 막걸리 양조장과 대폿집을 순례하며 그곳의 풍경과 냄새, 무엇보다 막걸리를 만들고 내오는 이들의 정(情)을 담아내기 위해 애쓴 흔적이 역력하다. 효모 연구가의 단단한 손끝에서 만들어지는 막걸리에서부터 대통령이 애호했던 막걸리, 지역 토박이 부부가 휘휘 저어 건네는 순박한 막걸리까지, 또 여기에 막걸리 제조법과 변천사, 대폿집의 역사까지 아우르고 있다.

253 프랑스 미식 기행 `eBook`

심순철(식품영양학과 강사)

프랑스의 각 지방 음식을 소개하면서 거기에 얽힌 역사적인 사실과 문화적인 배경을 재미있게 소개하고 있다. 누가 읽어도 프랑스 음식문화에 대해 어느 정도 이해할 수 있도록 복잡하지 않게, 이야기하듯 쓰인 것이 장점이다. 프랑스로 미식 여행을 떠나고자 하는 이에게 맛과 멋과 향이 어우러진 프랑스의 역사와 문화를 소개하는 책.

132 색의 유혹 색채심리와 컬러 마케팅 `eBook`

오수연(한국마케팅연구원 연구원)

색이 인간에게 미치는 영향과 이를 이용한 컬러 마케팅이 어떤 기법으로 발전했는가를 보여 준다. 색은 생리적 또는 심리적 면에서 사람들에게 많은 영향을 미친다. 컬러가 제품을 파는 시대'의 마케팅에서 주로 사용되는 6가지 대표색을 중심으로 컬러의 트렌드를 읽어 색이 가지는 이미지의 변화를 소개한다.

447 브랜드를 알면 자동차가 보인다

김흥식(「오토헤럴드」 편집장)

세계의 자동차 브랜드가 그 가치를 지니기까지의 역사, 그리고 이를 위해 땀 흘린 장인들에 관한 이야기. 무명의 자동차 레이서가 세계 최고의 자동차 브랜드를 일궈내고, 어머니를 향한 아들의 효심이 최강의 경쟁력을 자랑하는 자동차 브랜드로 이어지기까지의 짧지 않은 역사가 우리 눈에 익숙한 엠블럼과 함께 명쾌하게 정리됐다.

449 알고 쓰는 화장품 `eBook`

구희연(3020안티에이징연구소 이사)

화장품을 고르는 당신의 기준은 무엇인가? 우리는 음식을 고르듯 화장품 선택에 꼼꼼한 편인가? 이 책은 화장품 성분을 파악하는 법부터 화장품의 궁합까지 단순한 화장품 선별 가이드로써의 역할이 아니라 궁극적으로 당신의 '아름답고 건강한 피부'를 만들기 위한 지침서다.

eBook 표시가 되어있는 도서는 전자책으로 구매가 가능합니다.

069 성공학의 역사 | 정해윤 eBook
070 진정한 프로는 변화가 즐겁다 | 김학선 eBook
071 외국인 직접투자 | 송의달
082 미국의 거장들 | 김홍국 eBook
121 성공의 길은 내 안에 있다 | 이숙영 eBook
122 모든 것을 고객 중심으로 바꿔라 | 안상헌 eBook
132 색의 유혹 | 오수연 eBook
133 고객을 사로잡는 디자인 혁신 | 신언모
134 양주 이야기 | 김준철 eBook
145 패션과 명품 | 이재진 eBook
169 허브 이야기 | 조태동 · 송진희
170 프로레슬링 | 성민수 eBook
230 스포츠 마케팅의 세계 | 박찬혁
233 글로벌 매너 | 박한표
234 성공하는 중국 진출 가이드북 | 우수근
253 프랑스 미식 기행 | 심순철
254 음식 이야기 | 윤진아
260 와인, 어떻게 즐길까 | 김준철
307 농구의 탄생 | 손대범 eBook
325 맥주의 세계 | 원용희
348 월트 디즈니 | 김지영

349 빌 게이츠 | 김익현
350 스티브 잡스 | 김상훈
351 잭 웰치 | 하정필
352 워렌 버핏 | 이민주
353 조지 소로스 | 김성진
354 마쓰시타 고노스케 | 권혁기
355 도요타 | 이우광
372 미래를 예측하는 힘 | 최연구 eBook
404 핵심 중국어 간체자 | 김현정 eBook
413 성공을 이끄는 마케팅 법칙 | 추성엽 eBook
414 커피로 알아보는 마케팅 베이직 | 김민주
425 비주얼 머천다이징 & 디스플레이 디자인 | 강희수
426 호감의 법칙 | 김경호
432 중국차 이야기 | 조은아 eBook
433 디저트 이야기 | 안호기 eBook
434 치즈 이야기 | 박승용 eBook
435 면 이야기 | 김한송 eBook
436 막걸리 이야기 | 정은숙 eBook
445 명상이 경쟁력이다 | 김필수 eBook
447 브랜드를 알면 자동차가 보인다 | 김홍식 eBook
449 알고 쓰는 화장품 | 구희연 eBook

㈜살림출판사
www.sallimbooks.com
주소 경기도 파주시 문발동 522-1 | 전화 031-955-1350 | 팩스 031-955-1355